LE TEMPS D'UNE CHANSON

Du même auteur

Bibliographie

Chante ta joie, Éd. R.M., coll. « Bonne Chanson », 1962.

Contes, Sherbrooke, Éd. Centre de Pédagogie Dynamique, coll. « Dynamo » et « Le Rideau s'ouvre », 1983.

Des nouvelles pour mes amis (Contes), Montréal, Éditions PERC, 1992.

La moitié du monde est une femme (Chansons et poèmes), Montréal, Leméac Éditeur, Coll. « Mon pays, Mes chansons », 1975.

Les étoiles de Noël (Contes), Montréal, Éditions PERC, 1992.

Mes premières chansons, Montréal, Archambault, 1961.

Discographie

Compagnon, Maison Radio-Marie, 1962★ ; Éd. de l'Échelle, 1997.

Des succès inoubliables, Service de diffusion catholique, 1989★.

Écris-moi un mot, Éd. de l'Échelle, 1997★.

La moitié du monde est une femme, SPPS, 1975.

Le Québécois, SPPS, 1976.

C'est la récréation, Centre de Pédagogie Dynamique de Sherbrooke, 1978.

Barbichon, barbiché, Centre de Pédagogie Dynamique de Sherbrooke, 1980.

Présences, Éd. de l'Échelle, 1990★.

Un long voyage, Columbia, 1967.

Cette liste n'inclut pas les enregistrements simples (45 tours), à titre d'interprète et les enregistrements de musique instrumentale.

★ Toutes les chansons citées dans cet ouvrage se retrouvent sur l'un ou l'autre de ces enregistrements disponibles en disque compact ou cassette à l'adresse suivante :

Éditions PERC (Projets Éducatifs Route Claire)
8265, rue Drolet, Montréal H2P 2H6
Téléphone : (514) 388-1844 • Télécopieur : (514) 388-4013

Jacqueline Lemay

LE TEMPS D'UNE CHANSON

FIDES

Données de catalogage avant publication (Canada)

Lemay, Jacqueline, 1937-
Le temps d'une chanson

ISBN 2-7621-1977-4

1. Lemay, Jacqueline, 1937- .
2. Oblates missionnaires de Marie-Immaculée – Biographies.
3. Écrivains canadiens-français – Québec (Province) – Biographies.
4. Compositeurs – Québec (Province) – Biographies.
5. Chanteurs – Québec (Province) – Biographies.
I. Titre.

ML420.L549A3 1997   782.42164'092   C97-941326-5

Dépôt légal : 4ᵉ trimestre 1997
Bibliothèque nationale du Québec
© Éditions Fides, 1997.

ISBN 2-7621-1977-4

Les Éditions Fides bénéficient de l'appui du Conseil des Arts du Canada et de la
Société de développement des entreprises culturelles du Québec (SODEC).

On monte le même escalier
Vu d'en haut ou vu d'en bas
Toujours une seule marche à la fois
Que ce soit toi, devant moi
Moi, devant toi
On a tous le même âge
Mais pas en même temps

JACQUELINE LEMAY,
« On a tous le même âge »
(Album *Présences*)

PRÉFACE

Longeant le grand bois qui s'endort dans l'ombre,
Je rêve de Toi, Créateur de la pénombre.
Au-delà des sapins, le soleil entre en sommeil,
Pour laisser aux humains l'espoir d'un nouveau soleil.

La voix claire et limpide de Jacqueline Lemay résonne encore à nos oreilles, pendant que se font entendre les derniers accords de guitare.

Nous sommes au début des années 1960. Je suis aumônier de la Jeunesse Ouvrière Catholique et, à ce titre, j'ai l'occasion de passer plusieurs fins de semaine au bord du Lac Legault à Sainte-Lucie dans les Laurentides et animer spirituellement des camps de réflexion.

Cette fois, les responsables ont eu la bonne idée d'inviter Jacqueline et nous sommes une quarantaine à l'écouter autour d'un feu de camp. Nous connaissons bien les chansons de cette jeune oblate missionnaire de Marie-Immaculée : « *Paix du soir* », dont sont tirées les paroles que j'ai citées plus haut, « *Si tu vois la mer* », « *Monsieur le Bonheur* » et « *Je crois en toi* », dont j'ai retrouvé le refrain dans un vieil album de chant. Je ne résiste pas à la tentation de vous le réciter tellement il a gardé son actualité:

> *Même si mon œil ne te voit pas,*
> *Même si ma main ne touche pas,*
> *Oui, je t'aime et comprends tes mots.*
> *Et ta lumière rassure mes pas.*
> *Je crois en toi, caché en moi, car ma vie c'est Toi,*
> *Toi en qui je crois.*

C'est l'époque des boîtes à chansons, des créations québécoises et, même dans le domaine religieux, nous connaissons une grande recherche de création. Jacqueline est de celles qui répandent la Bonne Nouvelle de l'Évangile par la chanson. Très populaire auprès des jeunes, elle a su vaincre sa timidité naturelle pour mettre au service de la foi son beau talent de compositeur-interprète.

Après l'avoir perdu de vue pendant des années, j'ai retrouvé Jacqueline Lemay en 1991, à l'occasion de l'enregistrement d'une émission de Noël à la télévision. C'était une émission pour enfants, « *Du côté de la crèche* », animée par l'abbé Roland Leclerc et l'artiste du papier Claude Lafortune. Jacqueline y avait raconté un conte de Noël et chanté une de ses compositions intitulée « *L'étoile de Noël* ».

J'ai encore pu sentir chez elle ce feu intérieur qui la caractérisait, ce talent toujours jeune, cette voix unique si plaisante à écouter. Nous avions pu alors nous remémorer certains des souvenirs parmi les plus heureux de notre jeunesse enthousiaste.

J'ai retrouvé la même saveur à la lecture de son album-souvenir et je suis certain qu'il rappellera des souvenirs heureux à bien des gens de ma génération. Peut-être stimulera-t-il aussi la foi de certains, un peu éteinte, mais toujours susceptible de revivre.

Cardinal Jean-Claude Turcotte

Un projet persistant

L'idée d'écrire ce livre m'est venu un jour, ou plutôt une nuit — une de ces nuits éveillées qui me sont familières — au cours d'un voyage en Grèce en 1978.

J'ignore le rapport qu'il peut y avoir entre l'Acropole, mes visites à Delphes et aux Météores, une ville grecque où m'attendaient des amies, et cette soudaine inspiration, mais elle n'allait plus me quitter.

Écrire sur soi est périlleux, j'allais le constater à chaque mot, à chaque ligne : il en coûte de laisser tomber un peu de pudeur. Après avoir abandonné plusieurs fois le manuscrit, j'ai fini par m'y mettre pour de bon, encouragée par la petite voix insistante qui me relançait dès que je me coulais avec bonheur dans l'ébauche d'une fiction. J'ai compris que je n'aurais la paix qu'en lui obéissant.

Mais pourquoi cette tranche de vie plutôt qu'une autre? Car c'est bien de cela qu'il s'agit : un épisode partiel, un cycle, un tournant dans un parcours. Ils n'ont pourtant pas manqué, les événements, les périodes colorées, les coups de cœur et les personnages qui auraient pu m'inspirer ! Mon métier a suscité bien des rencontres, bien des voyages; j'ai occupé divers champs de communication, en parallèle avec la musique et les chansons.

Le choix n'a pas manqué entre l'intense, le cocasse et le tendre.

J'ai traversé — témoin et participante — trois décennies au rythme de toutes les humeurs sociales — ardeur nationaliste, éveil féministe, déversement de toutes les curiosités spirituelles des années 1980. Chacune de ces tranches de l'histoire contemporaine pouvait constituer une intéressante toile de fond à un récit.

J'aurais pu m'attarder aux années 1970. Période rose et insouciante. L'esprit libéré, le corps sans culpabilité. Un petit appartement plein de charme rue Crescent, à Montréal. Mes amis y venaient à toute heure du jour, et parfois de la nuit. Dans mon salon, autour d'une bouteille de vin, nous nous racontions nos tribulations amoureuses, nous discutions jusqu'aux aurores. La création musicale prenait des pauses sous la coupole de notre cosmos intérieur : nous étions tous prêts pour l'ère du Nouvel Âge. Optimistes, nous pensions que le monde ne pouvait aller qu'en évoluant...

Cependant, aucune période n'a eu, semble-t-il, sur les individus et la société, un impact aussi décisif que celle de la première moitié des années 1960. Alors que tant d'éléments ont convergé en même temps vers une transformation radicale de notre manière de vivre et de penser. Une période où le monde a changé de peau.

C'est dans ce courant irrésistible que s'inscrit le cheminement peu banal de la jeune fille que j'étais alors. Si entrer en communauté était encore chose courante, il était rare de voir une petite chanteuse populaire quitter son patelin pour s'engager dans cette voie.

Une voie qui se distinguait par son originalité, puisqu'il ne s'agissait pas d'une communauté conventionnelle mais d'un institut séculier au concept innovateur dirigé par une personne qui était en soi un personnage. Qui plus est, l'ex-interprète de chansonnettes s'est mise à écrire ses propres œuvres, ensuite à les chanter devant un micro ou une caméra. Puis sa voix a été gravée sur des milliers de disques diffusés à travers le pays et même au-delà.

Son histoire m'a intéressée. J'ai voulu remettre mes pas dans ses pas, voir avec ses yeux, retrouver sa fraîcheur, sa naïveté même, restituer les sentiments authentiques, coller au décor intérieur. Je n'ai pas hésité à lui donner la parole, avec les mots de ce temps.

En marge d'une effervescence sans précédent dans la société, j'ai suivi l'évolution de son expression artistique et de son parcours intime. Un itinéraire commençant par cette sorte d'état d'apesanteur que lui conférait sa foi jaillissante, jusqu'aux carrefours qui imposent les choix. Je l'ai vue s'interroger, mûrir, souffrir intérieurement, aux prises avec les voix contradictoires de sa dualité, et s'avancer enfin vers la réalisation de son identité.

Il est difficile, avec notre regard d'aujourd'hui, d'imaginer tant de joie de vivre chez une jeune femme qui subordonne son besoin d'affection et son goût pour les plaisirs du monde à un feu intérieur qui rend tout le reste accessoire. Difficile de comprendre les motivations de celles qui partageaient son quotidien, vivaient la même réalité. Je les ai décrites comme elles étaient, sincères, généreuses de leur temps et d'elles-mêmes, dispensatrices de joie. Je n'ai rien inventé. Ce sont ces femmes-là que j'ai connues.

Il est beaucoup question de spiritualité dans ce récit. Pouvait-il en être autrement ? Nous en vivions dans le travail comme dans nos émotions, c'était le fils d'Ariane, la nourriture quotidienne. Il m'a été donné depuis de croiser quelques-unes de ces femmes et leurs commentaires m'ont rassurée quant à l'authenticité des sentiments décrits dans ce livre. Elles ont évoqué pour moi un « temps privilégié » qui leur a laissé les souvenirs les plus positifs.

Ce récit, qui s'appuie sur des notes de l'époque, a constitué un captivant voyage dans le temps. Un voyage où se reconnaîtront bien des Québécois et des Québécoises.

C'est pourquoi, je le dédie à quiconque s'intéresse au passé récent de notre histoire et à ceux qui veulent suivre, l'esprit libre de préjugés, les pérégrinations d'une chanteuse en quête d'absolu au moment où naissait, dans le creuset des bouleversements sociaux, la Révolution tranquille.

À toutes les personnes qui m'ont si patiemment talonnée, secouée lorsque menaçaient la paresse et la peur, ma plus sincère et profonde gratitude.

Jacqueline Lemay
Montréal, octobre 1997

Avant-propos

Attablée dans un kiosque du Salon du livre de Montréal, j'essaie de faire trois choses à la fois : autographier un livre-cassette pour une petite fille, les yeux agrandis par la curiosité, juchée sur les épaules de son père, répondre à un visiteur désireux de mieux connaître nos albums de folklore, faire entendre une plage de mon disque *Présences* à une jeune femme qui attend patiemment son tour.

Dans le flot de visiteurs qui s'écoule, aux moments chauds du Salon, comme un fleuve sur le point de déborder, il se trouve toujours quelqu'un pour me poser la même question. Cette fois, c'est un monsieur de haute taille, un peu timide, aux mèches argentées… « Oui, c'est bien moi », lui dis-je, lui rendant son sourire.

« J'étais jeune séminariste, me confie-t-il, vos chansons me portaient, me faisaient vibrer. Cette voix, comme je l'ai écoutée et réécoutée ! » Et de n'en plus finir d'émotion, de presque tendresse, sans détacher ses yeux de moi.

Témoins de la conversation, deux dames, la cinquantaine fringante, me regardent comme si j'avais été une apparition, avant de se mettre à chanter « Sur la route claire, je m'en vais fredonnant ma joie... » « Ce qu'on les a aimées, ces chansons ! » s'exclament-elles. Et l'une d'elle de m'apprendre qu'elle a conservé tous mes disques de l'époque.

L'expérience n'a cessé de se répéter au fil des années. Au marché, à la banque, en voyage, il y a toujours eu quelqu'un pour me rappeler ces « refrains inoubliables », ces premières chansons. Le regard s'allume, le sourire emplit le visage, comme le rappel d'une couleur, d'une sonorité restée présente, indélébile.

J'ai peine à croire que tant d'années ont passé depuis ces salles de collèges retentissant de refrains repris en chœur par des centaines d'étudiants et d'étudiantes, depuis ces tournées de spectacles en province, sans éclairage de scène, avec une sono rudimentaire, dans de petits auditoriums, des salles paroissiales, des sous-sols d'église...

En train, en autobus, je sillonnais le Québec avec ma guitare et un carnet de notes, portée par un climat intérieur bien particulier, sorte d'état second qui exigeait, aux moments les plus inattendus, d'être exprimé tout de suite en paroles et en musique.

Je vivais quelque chose d'exceptionnel et, sans aucune stratégie publicitaire, je chantais comme on prie, comme on offre, en donnant ; après avoir troqué les rêves propres aux jeunes filles contre une aventure des plus exaltantes et, en même temps, des plus exigeantes, puisqu'elle réclamait l'abandon de toute possession, matérielle et affective.

Cette joyeuse ascèse, qui allait progressivement me conduire ailleurs, ne s'est cependant pas réalisée du jour au lendemain. Il m'a fallu d'abord quitter ma maison, ma ville, mes vingt ans...

Première partie

*Il s'agit de quelque chose de transcendant
qui se traduit mal en mots.
Il faut vivre cette intégration pour pouvoir
la comprendre, et après y avoir goûté
la vie n'est plus jamais la même.*

SHIRLEY MCLAINE,
Danser dans la lumière

CHAPITRE I

Dans les gradins du Forum de Rouyn, c'est presque le délire : je viens de chanter *Granada* et le public manifeste son enthousiasme. Si l'on en juge par le tonnerre d'applaudissements qui accompagne les derniers accords de la chanson, les spectateurs ont apprécié cette pièce à grand déploiement vocal.

Premier Prix du grand concours régional Radio-Nord, ce n'est pas peu dire ! J'ai dix-sept ans et, dans la robe très chic empruntée à ma belle-sœur, tenant fièrement dans mes mains le trophée *Rusticana*, je me sens comme une diva au sommet de sa carrière.

Trois ans plus tard...

Sur le piano, à côté d'une photo qui immortalise ce grand moment, une autre sur laquelle j'ai l'air plus mystérieux, portant un décolleté assez sage, la tête renversée à la manière hollywoodienne. La même est affichée dans la salle de danse où je vais chanter le samedi soir.

Je n'apporte aucun souvenir. Pourtant, il n'en manque pas dans ce salon, témoin de tant d'émois, de moments tendres et de conciliabules amoureux. Les miens et ceux de ma sœur Yolande. Témoin aussi de la musique, cette seconde âme dans la maison, sans laquelle notre famille n'aurait pas été la même.

Des airs que recommençait inlassablement Yolande en me berçant pour que je finisse par m'endormir, en passant par ceux de Tino Rossi entonnés par Édith, jusqu'aux attendrissants duos de papa et de maman, j'ai toujours entendu chanter…

Dans une soirée de jour de l'An, ou après la messe du dimanche, papa, au piano, entonnait un air de folklore, maman, après s'être fait prier, y joignait une voix juste et ténue qu'elle n'osait jamais pousser. Avec eux, en plus de mes frères et de mes sœurs, musiciens, chanteurs et chanteuses — ils sont dix avant moi —, c'est dire comme le répertoire a été varié.

Pour aboutir, jusqu'à la fin de la lignée, à Jérôme qui charme les filles avec sa voix, joue déjà savamment de la guitare et vient de commencer une carrière prometteuse dans la métropole.

Enfin, ce salon vibrait encore hier de mes répétitions musicales avec mon frère Fabien à la batterie et, au piano, tantôt la rapide et très classique Claudette, une copine, tantôt l'intuitif et insaisissable Harold, un ami. Harold et moi n'avons jamais su si l'on avait été amoureux l'un de l'autre. Au milieu d'un petit cadre accroché au mur, il continue à me sourire, énigmatique.

Dehors, la Chevrolet est en marche, on m'attend. Maman me dit, la voix brisée : « Il faut maintenant partir. Si tu ne veux pas rater ton train. »

Ils sont plusieurs à accompagner mon départ non pas chez les « vraies sœurs », mais pour quelque chose qui leur semble en tout point équivalent, les oblates. Un nom qui m'a déjà valu son quota de taquineries : « Les os plates... c'est bien là que tu t'en vas ? » Tout le monde affiche une bonne humeur qui sied bien à ces circonstances, évitant ainsi une émotivité qui risquerait d'être contagieuse.

La grosse malle m'a précédée, remplie du strict nécessaire. Je laisse derrière moi les bijoux, les parfums, les cosmétiques et autres artifices, symboles d'un passé révolu. Me voilà presque une autre, sans rouge à lèvres — un teint bien hâlé compense —, sage et sérieuse, sanglée dans ce classique tailleur gris que je portais les premiers jours de classe pour impressionner mes élèves.

Peu de voyageurs dans la petite gare qui se chauffe au soleil dans l'attente d'une fin de jour plus fraîche. Ce qui est un événement pour notre famille réussit à animer de voix et de va-et-vient la station qui trouve ainsi, aujourd'hui, sa raison d'être. Sur le quai, nous attendons le train, espérant qu'il arrive, espérant qu'il retarde. Une photo. Que les petits arrêtent de courir. Allons, beau sourire...

Les silences émus, les phrases précipitées, recommandations de maman pour ma santé, et « n'oublie pas de m'écrire souvent ». Puis, dans un cri, haletant, le train qui s'immobilise dans un concert de grincements de roues et de bruits de pistons. Tout ce qu'on n'a pas eu le temps de se dire. Pêle-mêle, les souhaits de bonne chance, de bon courage, de bon voyage. Les baisers, les étreintes. Maman essuie une larme, me presse contre elle...

Je ne vois plus que leurs mains agitant des au revoir. Peu à peu s'estompent les cheminées de la Noranda qui cèdent la place à une suite de terrains vagues aux herbes jaunies par l'été et la fumée de la mine.

Je me sens soudainement bien seule dans ce train, qui entrera en gare à Québec dans quinze heures, au bout d'une longue nuit de forêts et de clair de lune. Les larmes commencent à couler, doucement, puis se précipitent en un flot intarissable à mesure que m'envahit l'étendue de la déchirure.

∽◦∾

« Maison de retraite Jésus-Ouvrier ». La camionnette passe devant l'écriteau et pénètre dans une allée ombragée de hauts arbres. Je pense aux épinettes, derrière chez nous, le cœur me serre. Des petites allées latérales, bordées de fleurs, convergent vers l'entrée principale de l'édifice de briques brunes, construit en forme de T.

On m'y dépose avec quelques jeunes filles ayant, comme moi, fait halte chez les oblates de la haute-ville. Sur le perron, des groupes animés gesticulent, discutent, s'exclament. L'un d'entre eux entoure un homme pas très grand, près de la cinquantaine, à la chevelure noire, qui parle, les mains passées dans le ceinturon de sa soutane. Ses paroles semblent produire beaucoup d'effet.

« C'est le père Louis-Marie Parent », me dit ma voisine, tandis que nous nous apprêtons à entrer. Quelqu'un s'approche. « Vous êtes des nouvelles ? Venez, laissez là votre bagage, je vais vous présenter. Toi, quel est ton nom ? »

J'ai à peine le temps de répondre que me voilà entraînée près du cercle effervescent. On me demande d'où je viens.

— « De Rouyn ? Ça c'est bien ! » dit le père Parent, en plissant les yeux derrière d'épaisses lunettes qui lui permettent sans doute de scruter à l'aise les moindres méandres des cœurs et des consciences. Ce doit être inutile d'essayer de jouer au plus fin avec ce personnage ! La voix légèrement enrouée, le ton aurait pu facilement être railleur si ç'avait été quelqu'un d'autre. Les lèvres minces esquissent un sourire : « L'Abitibi ne produit pas que des mines ! »

Rire général.

— Cette année encore, nous arrivent plusieurs recrues de Val-d'Or, de Malartic, de Rouyn, poursuit-il, prenant à témoin le groupe qui l'entoure.

Sans trop savoir pourquoi, je me sens soudain très importante. Le grand art de cet homme est qu'il donne à son interlocuteur l'impression d'être unique au monde. Ce charisme n'est certes pas étranger au succès du jeune institut qu'il a fondé et qui attire, bon an mal an, des centaines de jeunes filles en quête d'une réalisation spirituelle dans un cadre nouveau, moderne et dynamique. Son magnétisme lui attire la sympathie de gens issus des milieux des plus divers, hommes d'affaires, admirateurs, amis, mécènes, collaborateurs laïques autant que religieux.

D'autres arrivantes brisent le cercle, et la conversation se dilue dans l'air de cet après-midi chaud et doux ; elles déambulent, en blazer bleu marine et en jupe grise, dans les allées et sur le terrain asphalté entourant l'édifice, en petits groupes ou par deux. On ne m'a pas posé d'autres questions. Outre mon nom, que sait-on de moi au juste ? Quelqu'un doit sûrement tenir le registre de ces arrivées qui semblent tenir davantage d'un grand débarquement que d'un rassemblement de retraitantes.

Sombre et frais, l'intérieur de la bâtisse dégage une atmosphère de repentirs et de bonnes résolutions. Ces maisons de retraite, que tout bon catholique fréquente une fois par année, comme on fait le grand ménage du printemps, ou on va à Old Orchard l'été, sont partout les mêmes. Au premier étage, après une série de portes identiques, on me montre ma chambre, blanche, étroite, monacale. « Prends tout le temps nécessaire pour te rafraîchir et te reposer, me dit mon hôtesse. Le souper est à cinq heures. »

Malgré la fatigue, je n'arrive pas à dormir. Je cherche des repères où poser le vague de ma pensée, mais l'exiguïté de la pièce ne permet aucun échappatoire. Mon regard bute immédiatement sur les petits rideaux de tulle qui valsent devant la fenêtre entrouverte, sur les lignes prosaïques du minuscule lavabo, et s'arrête, gêné, sur le Christ aux genoux écorchés, crucifix sans beauté qui, seul, tient lieu de décoration.

Dans une demi-somnolence, je revois la maison de retraites fermées qui surplombait la ville, à Rouyn. Comme j'habitais tout près, son grand terrain en demi-cercle m'avait souvent servi de belvédère pour contempler mes propres pensées qui revêtaient, avec la vision du « monde à mes pieds », une teinte profondément philosophique. Je m'y installais, les soirs d'été — quand je n'allais pas danser en ville —, pour voir les lumières des rues s'allumer une à une, tandis que s'affadissaient les dernières lueurs roses à l'horizon. Je sentais alors monter en moi un désir océanique de faire quelque chose de ma vie. Un étrange et enivrant espace s'ouvrait dans mon âme, apte à pressentir l'infini.

« *Rock around the clock tonight ! Rock, rock, rock and Rock day night… !* » C'était un de ces soirs d'été qui promenait dans l'air une douceur à vouloir dormir dehors. La journée avait été chaude. Une roche fraîche me servait d'appui. La chanson de Bill Haley résonnait sur toute la ville, des toits de Rouyn-Sud jusqu'à ceux des quartiers « aisés » de Noranda, puis venait reverbérer sur le rocher que nous appelions « fesse d'éléphant » quand nous étions petits. Le cirque est en ville. « *Rock around the clock tonight ! Rock, rock, rock !* » La grande roue tourne et laisse échapper des clameurs humaines avalées aussitôt par la chanson. À l'endroit où se devine la forme massive du Forum, un coin de ciel est transformé en coupole embrasée qui vibre, détachée sur le bleu sombre de la nuit. La basse sourde se rapproche, martèle l'air, « *Rock ! Rock ! Rock ! And rock day night !* » Comme j'ai tourné, dansé sur cette musique !

Pourquoi le plaisir ne me suffit-il pas ? À intervalles réguliers, surgissait la certitude que le seul mouvement valable doit mener vers un absolu. Une flamme s'impatientait, là, au fond de moi, toujours prête à se transformer en brasier. Loin de s'estomper au fil de mes aventures sentimentales, ou de se calmer en épuisant mon énergie dans la danse, elle s'inscrivait en filigrane dans toutes mes activités, le jour, au travail, comme dans l'ambiance enfumée de ces salles où je chantais le samedi soir. Fabien me disait : « Tu es une insatisfaite née. » Il avait raison, plus qu'il ne le croyait, et c'était plus grave qu'il ne le pensait. Je savourais toute la générosité de cet âge, avec une joyeuse conscience d'un temps donné, privilégié.

Je danserai encore un peu, mais un jour...

Des pas précipités dans le corridor. Des portes s'ouvrent, se ferment. Ai-je dormi ? Dans la cour, les voix s'amplifient. Comment trouver la sortie dans ce dédale de couloirs ? Je finis par atteindre la galerie et contemple tous ces groupes qui se déplacent comme des îlots bleus dans le soleil.

Une voix sonore me fait sursauter.

— Jacqueline ! Toi ici !

— Hortense ! Est-ce que je rêve ?

On s'embrasse. On rit. On se demande si c'est bien nous. On avait débuté ensemble dans l'enseignement. Des classes de garçons de cinquième année dont certains étaient presque aussi grands que nous. Cauchemar, certains jours, compensé, le soir, par la douceur des premières amours. Pêle-mêle, nos souvenirs. Puis, les questions pratiques. « Quand es-tu arrivée ? Comment t'es-tu décidée ? Viens que je te présente. » Hortense semble connaître tout le monde. « C'est Jacqueline, mon amie de Rouyn », annonce-t-elle avec son sourire à éclairer n'importe quel jour de pluie. Elle s'interrompt parfois, alors nous essayons de tout nous dire en même temps. Que nous n'avons pas changé, qu'elle a l'air heureuse... « Que j'ai déjà... l'air bien ! » dit-elle, convaincue que je n'ai que trop attendu pour la rejoindre dans cette aventure dont elle ne finit pas de m'énumérer les mérites.

Un café de la rue Principale à Rouyn. La canicule de juillet. J'avais renoncé à un après-midi au lac pour la retrouver « J'ai quelque chose d'important à t'annoncer ! » me dit-elle. Elle était splendide, comme toujours, ce que l'on pouvait appeler une vraie belle fille : teint de pêche, sourire éclatant. Une intelligence pétillante.

— Tu rentres chez les quoi ?

— Les oblates ! Mais… ce ne sont pas de vraies sœurs, s'empresse-t-elle d'ajouter. Enfin, pas comme on a l'habitude d'en voir. Ne veux-tu pas venir avec moi ?

— Si je comprends bien, tu rentres chez les sœurs ?

J'étais abasourdie. J'avais beau multiplier mes questions — « Tu es jeune, ne veux-tu pas te marier, avoir des enfants ? » —, je reconnaissais, au fond, ce qui l'animait. Me rapportant à la petite flamme secrète qui, à tout moment, venait lancer des éclairs dans le flou de ma vie, je la comprenais. Car où diriger ce feu latent, quoi faire de cette attirance pour les extrêmes et l'exceptionnel dans une petite ville où la vie culturelle se cherche entre les *night clubs* et l'église, à une époque où la fréquentation de l'université pour une femme tient encore du marginal ?

« Tu as bien le temps d'y penser ! » fis-je pour *me* rassurer.

« Je pars dans un mois ! » conclut-elle sans sourciller.

Pour lui faire plaisir, j'avais accepté d'aller saluer avec elle les « compagnes » de Rouyn avant son départ. Elles habitaient au sous-sol du collège classique. Un ameublement rudimentaire. En guise de chapelle, une minuscule pièce éclairée de lampions et ornée de bouquets de fleurs, où je m'arrêtai quelques secondes, le temps d'un vague pressentiment que je chassai aussitôt.

Ces sœurs-là semblaient en effet bien différentes de celles que j'avais connues, moulées dans des manières aussi étanches que leurs habits. Elles parlaient sans affectation et s'exprimaient chacune selon leur personnalité. Et, ce qui me plut, on n'essaya point de me recruter. Procédé efficace, même s'il a fallu deux ans avant qu'un petit père oblat me convainque, pour apaiser ma soif intérieure, d'aller voir du côté de cet institut dont la formule « correspondait tout à fait à mon tempérament ».

Hortense parle de moi comme d'une trouvaille et me présente à Reine-Aimée Welsh, la directrice générale. De taille moyenne, les cheveux noirs, elle n'a pas trente ans. Je suis frappée par sa grande simplicité. Deuxième grand patron après le père Parent, rien dans son attitude ne laisse voir la supériorité de son statut. L'échange est bref, bientôt interrompu par d'autres arrivantes.

Est-ce un carrefour ? Un ralliement ? Le grand dérangement ? Depuis le début de l'après-midi, le contingent ne cesse d'augmenter. Tandis que plusieurs filles, l'air un peu perdu comme moi, font tache dans l'ensemble avec leurs vêtements colorés, des dizaines d'autres, venant de différentes missions de la province, forment des essaims animés d'où fusent de joyeuses expressions de retrouvailles.

Hortense n'est pas la moins exubérante d'entre elles. Elle me raconte ce qu'elle vient de vivre en Gaspésie. Un petit village. Une école.

— Le plaisir de donner, Jacqueline ! Tu vas voir comme cela te rendra heureuse ! Dans le « monde », enseigner représente plutôt une tâche — vivement qu'on puisse sortir le soir pour s'en échapper... Mais ici, on a le temps d'aimer ce que l'on fait !

Sa chaleur et sa conviction font plaisir à voir. Hortense est épanouie, heureuse, c'est évident. Quoique sa propension à parler du « Bon Dieu » à tout bout de champ, comme le font les autres, d'ailleurs, sonne étrange à mon oreille, m'agace même passablement. Tout lui est crédité, la bonne santé, les bonnes nouvelles, le beau temps... Et le mauvais, alors ?

Au souper, mon initiation progresse d'un cran. Dans le réfectoire fleurant bon le potage de légumes et résonnant d'une joyeuse cacophonie, les retraitantes ont pris place à de longues tables. On dirait une armée blanche, une sorte de commando attendant l'ordre de mission. Pendant que je me familiarise avec l'art des agapes communautaires — passer et repasser les plats, mastiquer face à un visage inconnu, manger comme n'y touchant pas trop, tout en ayant l'estomac dans les talons —, on parle obédience. En d'autres termes, c'est le « où est-ce qu'on m'envoie cette année ? » Ces décisions, concoctées quelque part dans les officines du pouvoir par les directrices de région, les membres du conseil général et le fondateur, sont annoncées au cours de ces retraites d'été. Je m'inquiète.

— Est-ce qu'on tient compte des goûts ?

— Autant que possible, me rassure ma voisine de gauche. C'est dans l'esprit de l'institut d'encourager les aptitudes particulières et les talents de chacune.

— Cependant, la disponibilité est la base de tout ! ajoute, avec un bel enthousiasme, celle de droite. Une infirmière originaire du Saguenay peut se retrouver au Manitoba, une citadine d'un milieu aisé peut être affectée à une mission pauvre dans un village qui ne figure même pas sur les cartes.

— Je vois, dis-je, Hortense voulait aller en Afrique, et elle s'est retrouvée en Gaspésie !

— C'est cela, conclut derrière moi une voix rieuse. Une oblate, c'est, par définition, une fille assise sur une valise.

En attaquant ma crème caramel, je me demande où je vais aboutir, moi. On me confiera sans doute une classe. Enseigner est ce que j'ai fait de plus sérieux jusqu'à présent. Quant à mes autres talents, je suis tranquille, j'ai fait jurer à Hortense de ne pas dire que je chantais. J'ai voulu tout quitter. Tant qu'à donner, c'est tout ou rien.

La nuit plonge la maison dans un silence assez terrifiant. Essayer de dormir, malgré l'étrangeté de l'air. Impossible d'arrêter le vagabondage de mes pensées. Des images récentes se chevauchent comme dans un film mal monté. En surimpression, les Plaines d'Abraham où je marchais hier, comme je marchais dans ma rue, quand s'est imposée ma décision inéluctable, nette comme un rayon de soleil perçant, à l'aube, la pénombre d'une chambre…

Après avoir fait demi-tour, j'avais retrouvé ma mère en train d'arranger ses fleurs, en avant de la maison. Pendant qu'elle me parlait, je l'ai observée comme jamais je ne l'avais fait auparavant. Chacun de ses gestes pesait d'un poids nouveau. Elle allait se sentir seule :

mon père était en voyage d'affaires, Jérôme vivait à Montréal et Yolande et Marcel venaient de se marier.

Nous sommes entrées. Un disque de Marc Gélinas répétait en sourdine quelque refrain encourageant. La brunante avait envahi le salon. Nous n'avons pas allumé. Elle « savait »… Elle me soutint de toute cette générosité qu'elle n'avait jamais demandée pour elle-même durant les dures années où lui sont arrivés, l'un après l'autre, cinq garçons et six filles. La seule question qu'elle me posa fut encore pour s'assurer « mon bien » : « Tu es sûre de ta décision ? » Je ne pouvais voir ses yeux absolument noirs, toujours allumés de tendresse, mais plus que jamais, je sentais combien j'étais aimée de ma mère.

Elle fit tout pour faciliter mon départ, même si cela dut lui être extrêmement pénible, sachant que je ne partais pas sur un coup de tête, mais en toute lucidité. Mes frères, eux, ne pouvaient m'imaginer loin des plaisirs mondains et d'une liberté chérie que je vantais à qui voulait l'entendre, lorsque j'étais au milieu de mes dix-huit ans.

Je venais tout juste d'en avoir vingt.

« Tu ne resteras pas là deux mois ! m'ont-ils dit. On t'attend pour les Fêtes, quand tu en auras eu vraiment assez ! » Moi, je partais pour la vie. La vérité, comme toujours, se trouvait quelque part entre les deux : j'allais rester sept ans chez les oblates missionnaires de Marie-Immaculée !

CHAPITRE 2

Un timbre strident déchire le petit jour. De quoi rééditer la résurrection de Lazare ! « Qu'est-ce que je suis venue faire ici ? » Pas le temps d'approfondir. Comme une automate, je suis les autres à la chapelle…

Recueillement général. Personne ne bouge, ou presque. Tandis que je soupçonne les « nouvelles » de lutter autant que moi contre l'envie de retourner dormir, je vois de multiples mains griffonner dans des carnets de notes, s'immobiliser un instant, puis reprendre le fil… « La méditation écrite », me dis-je, l'un des points de la fameuse formule du *5-5-5* que l'on m'a expliquée lors de mon inscription à Rouyn et dont j'entendrai abondamment parler ici. En quittant la chapelle, je retrouve toute mon énergie à la pensée du petit déjeuner qui se passe dans un grand silence, ponctué seulement des mini-explosions des céréales dans les bols, du cliquetis des cuillères et de la lecture d'un texte pieux.

Plusieurs points au programme de la journée. Mais, en tout premier lieu : opération purification. Une retraite sans « confession générale » ne serait pas une retraite ! Ce qui signifie ratisser toutes les scories laissées dans le sillage de nos vies, depuis aussi loin que l'on se souvienne. Ça peut remonter à la naissance, pourquoi pas ? J'observe les files d'attente devant les confessionnaux. Celles qui arrivent fraîchement du « monde », comme moi, n'ont certes pas à chercher la substance.

Demander pardon pour les péchés « d'impureté ». Y en a-t-il d'autres ? Enfants, nous avons appris que l'on pouvait s'accuser de gourmandise, d'orgueil, de mensonge, mais aussi de mauvaises pensées et de tou-chers impurs, ces derniers constituant, on n'a jamais su pourquoi, l'offense la plus odieuse faite à Dieu. Chez les enfants de mon âge provenant de familles peu aisées, la gourmandise et l'orgueil ne trouvaient pas facile-ment preneurs. Nous devions donc nous rabattre sur les péchés du sixième commandement. On en trouvait toujours. La honte qui suintait alors dans nos propos escamotés convenait tout à fait à cette grille suspecte qui nous séparait de l'haleine parfois non moins sus-pecte du confesseur.

Un petit tressaillement dans le plexus. Jusque-là, je n'avais pas exagéré la pratique de cet exercice. Je vais bientôt succéder, dans le confessionnal, à une « ancienne » qui n'a sans doute eu qu'un bref épousse-tage à faire, une simple formalité. Une oblate se confesse toutes les semaines. Transcender ce rituel rébarbatif, garder mes yeux fixés sur le chœur d'où doit venir l'inspiration. Me détendre. Un rai de lumière s'infiltre entre la tunique brune de saint Joseph et la surface vernie de la balustrade… je remonte au visage de la Mère de Dieu. Elle semble compréhensive. Un millier d'éléments de distraction m'assaillent. Je pense à mon enfance. Le soleil. Les champs. L'odeur des framboises. J'ai les genoux écorchés. Les noces de ma sœur Yolande. J'avais un peu bu, mais comme on s'est amusés ! Bon, un peu de sérieux. Ce garçon, j'étais sûre de ne jamais me remettre de l'avoir perdu. La peine d'amour a duré trois semaines. Et cet autre dont j'ai brisé le cœur, qui s'est exilé tout un hiver pour m'oublier. « Je t'aimerai pour deux », avait-il dit. On ne force pas ces choses-là. Est-ce un péché d'avoir refusé la tendresse d'un amoureux sincère dont le seul tort était de chanter faux et de conduire une simple camionnette plutôt qu'une excitante berline à la James Dean ? Voyons, où en étais-je ? C'est bientôt mon tour. J'ai le trac.

« Pour pénitence, vous réciterez une dizaine de chapelet ! » Rien que ça ?

Ça fait tout de même un drôle d'effet de se sentir l'âme lavée, blanche. Nette et pure comme au premier jour. On vient de vous redonner toutes vos chances, le dossier est neuf. Comme ça, d'un coup. « Tu ne pensais pas beaucoup à Moi, quand tu passais tes plus beaux après-midi d'été sur la plage et dansais jusqu'aux aurores ? Tu n'étais pas très regardante, dis, dans ces embrassades qui n'en finissaient plus ! Où étais-Je alors, dans tes préoccupations ? Tu vois, Je n'en fais pas une histoire. Je suis là. Je te prends comme tu es, maintenant ! » Il faut avouer que c'est sympathique. Un cadeau du ciel, littéralement. Je viens de plonger dans le lac de confiance et de sérénité qui baigne tout ici.

La salle est vaste et claire. Sur trois côtés, les fenêtres offrent à la vue du vert ou du bleu, des carrés de ciel, d'épais rideaux de feuilles. Dans un coin, une plante verte s'épanouit au pied d'une statue de la Madone. Nous nous levons à l'arrivée du conférencier qui se dirige rapidement vers son pupitre. Une brève invocation à l'Esprit saint et à Marie. Quelques secondes de silence. « Veuillez vous asseoir. » Une enregistreuse et un micro ont été disposés sur la table. Il rectifie la position de ce dernier, met en marche l'appareil. « Ce matin, bien chères oblates, nous allons voir ensemble... » Je murmure à ma voisine : « Est-ce qu'ils enregistrent tout ce qu'ils disent ? » Je ne tarderai pas à apprendre que ces conférences tournent toute l'année en région, alimentant les petites équipes à la source même de l'esprit de l'Institut.

« Il faut vivre le moment présent », insiste le fondateur. D'avant-garde, la pensée du père Parent s'appuie en tout sur l'attitude positive. C'est le fil d'Ariane qui tisse tous ses discours. On ne jongle pas avec les difficultés, on les abolit. Les visages longs et taciturnes sont mal vus. Priorité à l'équilibre, autant physique que mental. « Vous, les institutrices en région, dira-t-il, si vous ressentez le besoin de manger un steak avant votre journée de travail, eh bien, faites-le ! Il n'y a aucun mérite à faire le contraire. Côté économie, je préfère que notre argent soit dépensé pour de la nourriture plutôt que pour des médicaments.

La règle de l'Institut se résume dans une formule pratique et originale, simple comme un code. *Cinq* exercices religieux (méditation et prières) au programme de chaque jour, *cinq* attitudes de vie qui doivent devenir un réflexe de pensée positive, dont la nécessité de garder à l'esprit la présence de Dieu et une volonté constante de semer la paix autour de soi. Enfin, trouver quotidiennement *cinq* occasions de rendre service.

Comme une marotte, le *5-5-5* revient dans les conversations, jalonne comme des signaux sur une route la vie de l'oblate, est constamment décortiqué, élaboré, résumé, publié, chanté. Il apparaît même sur la plaque d'immatriculation de la Volkswagen de notre père spirituel !

Son adjoint aux conférences, le père Gauthier, est un intellectuel au langage plus subtil, plus savant. S'il n'a pas le charisme de son confrère, il sait jongler, fin psychologue, avec les aspects contradictoires de la nature humaine, avec ses faiblesses et ses alibis, avec un sens de l'humour réjouissant.

Au rythme de deux par jour, les exposés de l'un ou de l'autre, aussi bien rédigés, s'adressent autant à notre intelligence qu'à notre cœur — avec juste ce qu'il faut d'improvisation —, apportent un aspect rafraîchissant aux enseignements de la religion de mon enfance. Ayant encore en mémoire les exhortations de prédicateurs entendus dans le passé, concentrées sur les sacrifices, insistant d'une manière obsédante sur les choses de la sexualité, je découvre une façon plutôt oxygénante de concevoir la relation avec Dieu.

Si l'approche est simple et le message, clair, on n'y épargne pas pour autant l'âpre exigence des trois vœux de pauvreté, de chasteté et d'obéissance. Au passage, je rencontre quelques irritants. Ce qui se réfère par trop lourdement à la hiérarchie de l'Église rencontre chez moi une résistance naturelle. De même, je conçois difficilement des pratiques aussi étranges que celles d'avoir à obéir à une directrice d'équipe tout en lui accordant la possibilité de se tromper… Je laisse passer. Enfin, s'il est une consigne difficile à suivre, me semble-t-il, c'est celle d'éviter la critique (plus tard, on nuancera en ajoutant « négative ») et la plainte. Va pour cette dernière, puisque moins l'on se plaint, mieux l'on se porte. Mais l'autre sera mon talon d'Achille, critiquer m'étant toujours apparu comme une gymnastique indispensable au bon fonctionnement des muscles cervicaux !

Enfin, nous devons nous rappeler que notre mission est d'être des témoins au milieu du monde. Celles que l'on surnomme « les sœurs en bas de nylon » sont appelées à montrer par leurs attitudes, leur comportement, le service aux autres, leur appartenance au Christ.

Le dernier soir, je retrouve Hortense ravie de constater que je ne me suis pas enfuie.

— Jacqueline, je suis tellement contente de voir que tu vas te donner à Dieu !

— Attends, lui dis-je. Ce n'est pas encore fait. N'y a-t-il pas un an et demi de probation avant les premiers vœux ? La sainteté, c'est tout un programme. Laisse-moi le temps de m'y faire !

Elle me prend le bras en riant.

— Je suis sûre que tu es faite pour cette vie. Tu vas voir, tu vas t'épanouir pleinement. Dieu est tellement bon !

Cet emportement qui la caractérise n'a rien de niais. Mon amie est dotée d'un jugement sûr et de talents largement supérieurs à la moyenne. Il ne peut s'agir chez elle d'un emballement sans profondeur, d'une exaltation passagère. Il semble y avoir chez ces filles une lumière qui les éclaire de l'intérieur et rend tout le reste léger.

Est-ce l'effet du silence gardé pendant la journée ? Ou celui de la concentration sur les émotions les plus élevées ? Un sentiment de plénitude éclate dans un chant spontané...

Ô volonté de Dieu
Quel bonheur de t'aimer
Quel bonheur de t'aimer !

Dans les allées, le refrain s'élève à l'unisson, porté par des voix claires et mélodieuses...

Le soleil mourant qui enflamme les arbres ne peut trouver meilleur complice que ce chœur improvisé répétant inlassablement les deux phrases, les modulant comme une incantation. Prémonition. Vertige. Rien dans ce ciel d'été ne vient atténuer ce qui menace de m'emporter comme une vague de fond.

Marcher seule pendant quelques instants... Toutes sortes d'impressions, de questionnements sollicitent mon esprit. Est-ce que je suis aussi déterminée qu'elles le sont à faire ma vie ici, à épouser ce genre de vie ? Ni coup de tête, ni peine de cœur, rien de semblable ne m'a amenée au milieu de cet essaim de volontaires souriantes qui gravitent autour d'une réalité invisible. Ma seule certitude, c'est d'avoir su, un soir, au cours d'une promenade, que je devais le faire. Comme si on m'avait prise par la main et que je n'avais eu qu'à suivre. Sans raisonner. Sans me retourner. Comme on exécute un ordre.

Hortense est exubérante. Je ne le suis pas. Je n'ai pas encore la piqûre. Pourtant, je ne me dis pas : essayons, voir... J'adhère à l'ensemble, disponible, avec toute ma bonne volonté, l'énergie intacte. Mais je ne sais pas où cela va me mener. Bien sûr, la démarche a pour but de me donner à Dieu. Mais Il n'est pas tangible. Ma foi est sans émotion. Logique. Froide comme une réponse.

J'ai la tête pleine des notions toutes neuves reçues au cours des derniers jours. Des concepts séduisants par leur exigence et effrayants par le vide qu'ils créent sous des pieds bien à terre, pour un esprit habitué à compter, à soupeser, à critiquer, à garder pour soi. Un minimum de méfiance, de prudence : équipement de survie. Ici, on tombe dans l'extrême opposé : l'abandon et la confiance de l'« enfant ». Dieu est un Père aimant qui sait tout, qui peut tout. Pourquoi obstruer ses voies par nos raisonnements étriqués et les peurs créatrices de nos limites ?

Demain, jour du départ, aura lieu l'annonce des obédiences. On perçoit ici et là une certaine fébrilité. Les échanges se multiplient, s'approfondissent. On ne sait jamais, celle-là même avec qui l'on parle pourrait devenir, demain, une partenaire de vie commune durant un an. On fait des prédictions, on affûte ses intuitions.

Un groupe entoure une grande jeune femme d'une trentaine d'années. Elle parle de son expérience en Haïti. Je devine la brûlure du soleil sur la peau, les pauvres moyens de subsistance, la compassion, le temps consacré aux plus démunis. Il y a des traces de fatigue sur son visage, mais dans ses yeux, une lueur à redonner confiance en l'être humain. Son grand désir : retourner au plus tôt dans « son pays ».

Assise à l'écart, une toute jeune fille, l'air timide. « Puis-je m'asseoir ? » Un sourire spontané m'y invite.

« Quel est ton travail chez les oblates ? » Le regard s'allume de fierté : « Buandière à l'évêché de X. » Les oblates au service de l'Église, c'est-à-dire au service des prêtres... Il y en a beaucoup, de ces petites servantes des prêtres. Peu de petits servants des sœurs. Mon éveil féministe est encore à venir...

Des éclats de rire fusent d'un attroupement. Sans doute suscités par l'une des métaphores du père Parent pour bien faire entrer dans la tête de ses interlocutrices l'absolue nécessité de la simplicité.

« Nous avons un rossignol parmi nous ! » Le grand réfectoire est transformé en salle des oracles et le père Parent, tel un capitaine larguant ses bateaux à la mer, annonce, avec aplomb et bonne humeur, les assignations tant attendues, secondé par la directrice générale.

Des voix s'entrecroisent, se confondent, emplissent les lieux, puis se taisent, le temps des verdicts, accompagnés chaque fois de commentaires encourageants, d'un mot d'esprit, d'une phrase liée à la personnalité de la candidate et à ses nouvelles fonctions. Des oh ! et des ah ! de surprise fusent de toutes parts. Parfois, un creux, une seconde de malaise où se loge la déception.

Je me sens mise à nu, soudain, au milieu de la centaine de têtes blondes, brunes, frisées ou coiffées à plat, parmi lesquelles je tente de repérer Hortense pour la fustiger du regard : elle m'avait promis... Où est-elle ? Je rougis, tout en balbutiant quelque banalité à mes compagnes de table.

J'apprends que le « rossignol » ira fonder l'École centrale de Saint-Valère avec deux autres compagnes. J'ai le pressentiment qu'il ne s'agit pas d'une « métropole ».

On m'informe que c'est tout près de Victoriaville. Voilà qui me rassure. Au moins, je pourrai de temps en temps retrouver le visage urbain de la vie.

Le branle-bas du départ n'a rien à envier à l'agitation de la première journée. Trimbalée comme un bagage, je monte avec une huitaine de filles dans une mini-caravane conduite par une experte, en direction de la Maison centrale du Cap-de-la-Madeleine. Après le boulevard Hamel, les premiers champs apparaissent. L'atmosphère se détend. L'une d'entre nous commence à chanter. Au refrain, la cabine ambulante devient chorale.

Je regarde la chaussée se dérober comme l'inéluctable avance du temps ; je vois défiler les maisons des villages, courir le ciel gris et bleu sur les eaux du Saint-Laurent.

Deschambeault, Sainte-Anne-de-la-Pérade, Batiscan... Des arbres géants ombragent la route, ou vont témoigner, devant l'église et la maison du notaire, de leur pérennité. Les reflets argentés sur le fleuve me font cligner des yeux. Engourdie par la mouvance de ce soleil de fin d'été, je ne pense plus à rien, j'arrive à peine à me souvenir que j'ai déjà été ailleurs.

ᑌᐧᐁᐧᑌ

À Cap-de-la-Madeleine, on nous habille. Béret bleu à pointes, chemisier d'un blanc immaculé, jupe grise et blazer portant écusson aux armoiries de la Vierge.

Je fais connaissance avec mes compagnes d'équipe : Suzanne, une « nouvelle », et Rose-Aimée, notre directrice désignée. Puis nous repartons, cette fois dans la petite auto du père Parent, qui saura trouver les mots pour nous présenter sous notre meilleur jour aux commissaires d'école et à monsieur le curé, qui doit nous héberger temporairement.

Passé le pont Laviolette, nous pénétrons dans la campagne profonde. Des terres, des villages coquets que le temps n'a pas changés. Assises à l'arrière de la voiture, tandis que notre conducteur discute avec Rose-Aimée, Suzanne et moi retournons chacune à notre univers intérieur. Je jette un regard à mes mains hâlées, qui contrastent avec le blanc de mon chemisier. Reliquat d'été ou de vanité ?

Après une heure de route, le clocher surgit, à l'assaut du ciel, entre les toits du village de Saint-Valère.

CHAPITRE 3

En guise de rue principale, la route effectue un long virage devant l'église et le presbytère, avant de s'élancer vers Victoriaville par un petit pont de bois, couvert comme une niche à chien.

Un peu en retrait, au milieu d'un terrain vague, la construction de la nouvelle école s'achève. Dans l'odeur de bran de scie et de bois neuf, les notables qui nous accompagnent s'emploient à nous encourager : « Tout devrait être terminé dans cinq à six semaines ! » Dans les grands yeux clairs de Rose-Aimée, un brin d'ironie : « Ah oui ? Vous en êtes sûrs ? » Suzanne esquisse un sourire énigmatique... « Le presbytère, c'est d'un calme ! semble-t-elle se dire, le plus vite sera le mieux ! »

J'essaie, pour ma part, d'imaginer ces surfaces rudes, ces poutres et ces échancrures transformées en beaux murs lisses résonnant des voix fraîches d'enfants répétant leurs leçons... Croisons les doigts !...

Au troisième étage, on nous invite à apprécier l'ébauche d'une cuisine « bien pratique et fonctionnelle » annexée à une petite salle à dîner donnant sur le futur corridor et la pièce communautaire, plus spacieuse. Des cloisons inachevées marquent l'emplacement de plusieurs chambres à coucher. Il faut penser aux compagnes visiteuses, qui se déplacent d'une « mission » à l'autre pour raison d'études, de repos ou pour faire escale.

Le soir venu, attablées devant notre hôte, nous discutons de l'aménagement des classes. Comment faire en sorte que tous les enfants de la paroisse puissent, comme prévu, recevoir l'enseignement au village ? Monsieur le curé, qui ne fait pas plus jeune que ses cinquante-huit ans, le verbe sobre, l'allure ascétique, écoute Rose-Aimée le convaincre qu'il n'a à s'inquiéter de rien. On fera un aménagement des locaux et une classification temporaires pour que la rentrée se fasse sans trop de mal.

Suzanne et moi sommes bien aise de laisser à Rose-Aimée le soin de gagner la confiance du pasteur. Malgré ses vingt-quatre ans, sa détermination et son langage articulé font bon effet. Nous nous tiendrons tout de même coites au cours de la première réunion avec les commissaires d'école, qui dissimulent mal leur inquiétude à la perspective de voir leurs enfants confiés non pas à de « vraies religieuses » imposantes et aux habits rassurants, mais à trois jeunes filles qui rient en faisant leur marche de santé. Aussi ferai-je appel à toute ma gravité et à tout mon sérieux pour qu'il ne leur vienne pas à l'idée de demander mon âge. Le contrat avec l'Institut n'inclut pas ces « détails » ; on a fait confiance au père Parent. Quelqu'un a-t-il seulement vu mon diplôme ? Je n'en suis pas sûre.

Tandis que se précise la logistique et que refroidit le café, je lutte contre les assauts des volutes bleues, subversives, qui s'échappent de la cigarette de monsieur le curé, qui m'entourent, me narguent... Déjà deux mois sans fumer... Je résiste, un peu par la force des circonstances, à la fois fière et étonnée de ma nouvelle discipline.

Suzanne et les institutrices locales feront la navette entre leurs classes respectives, tandis que Rose-Aimée assurera, d'un bout à l'autre de la municipalité, la bonne marche de cette école éparpillée. Pour ma part, m'échoit un groupe mixte de quatrième et de cinquième année dans l'« ancienne école du village », brave petite maison souriant de ses fenêtres propres et claires au voyageur pressé de passer le pont. C'est un véritable morceau de patrimoine, avec son poêle à bois, son escalier branlant qui mène à l'étage, ses bancs à deux places tatoués de dessins et de graffitis témoignant des rires, des rages, des rêves de plusieurs générations d'enfants.

À quatre heures, une fois les élèves partis, le lieu exhale un curieux mélange d'odeurs de craie, de crayons de mine, de gomme à effacer et de fleurs de pissen-lit. De la fenêtre ouverte, je vois une vache en train de ruminer en me jetant des regards longs et soutenus, pleins d'empathie. Sur mon bureau, les cahiers atten-dent mes corrections. Expirer un bon coup, la tête renversée, laisser se dérouler à rebours l'écheveau de la journée...

En rouvrant les yeux, le décor m'attendrit. Je l'ima-gine ainsi, la petite école que fréquentaient mes sœurs et mes frères aînés à Sainte-Émélie-de-Lotbinière, en bordure du fleuve. Une seule classe, toutes les années confondues, les grands aidant les plus petits et allégeant ainsi le fardeau de la brave institutrice. C'était juste avant que ma famille ne s'expatrie, encouragée par d'enthousiastes porte-parole du gouvernement, vers les « terres promises » de l'Abitibi-Témiscamingue où ils ont débarqué au beau milieu de la grande crise, accueillis par un été de sécheresse record auquel a succédé un automne d'inondations dévastatrices !

Cette fin d'après-midi ressemble à celle d'hier et sans doute à celle de demain. De temps à temps, une automobile passe, soulevant un nuage de poussière qui monte comme un encens profane dans l'air doré de septembre. Suit un silence, trou noir de quelques secondes, puis on entend à nouveau le piaillement d'un moineau, les cris épars des enfants cabriolant sur le chemin du retour, le tic-tac du cadran qui me rappelle que j'ai faim et qu'un jus d'orange et des biscuits nous attendent chez la ménagère du curé.

J'y retrouve Suzanne et Rose-Aimée prendre une pause bien méritée. Anecdotes, caricatures, un doux défoulement s'empare alors de nous. Le sens de l'humour nous lie plus que toute autre affinité, pas toujours évidente.

Dans un couple, on est deux pour s'harmoniser, se compléter ou courir au désastre ; dans une vie à plusieurs, il y a place pour prendre ses distances, se trouver seul sans culpabilité. Mais vivre à trois constitue tout un défi. Il y en a toujours une qui est la troisième. Indépendante, elle se fait remarquer ; présente, elle risque de prendre trop de place. L'équilibre du groupe repose finalement sur cette troisième, qui ne doit pas être de nature soupçonneuse ni encline aux intrigues, encore moins sujette à la paranoïa. Comme je suis la plus jeune et que j'ai un tempérament extraverti, j'hériterai tout naturellement de ce rôle.

J'ai peu de points communs avec notre directrice, esprit cartésien que les spéculations fantaisistes n'impressionnent pas. Elle a la parole coupante, et certains aspects de son caractère en font un personnage envoyé exprès par les dieux pour éprouver ma capacité d'adaptation.

Suzanne et moi, partageons au moins la nouveauté de l'expérience. Pour cette Montréalaise qui aimait les plaisirs du monde, le choc doit être assez brutal. Ils sont loin, les rythmes de samba et de bossa nova, lorsque vient le soir et que l'unique rue du village se tait, à l'heure où les familles s'installent devant le téléviseur noir et blanc, récent jouet populaire qui distille des images encombrées de parasites.

Contrairement à Rose-Aimée, déjà bien ancrée dans sa vocation, nous faisons l'apprentissage d'un style de vie qui tranche nettement avec nos habitudes. Messe quotidienne, prières, méditation et vêpres le dimanche ponctuent notre principale activité : le travail. Pas de théâtre, pas de cinéma. Et des objectifs situés aux antipodes de ceux que nous venons de laisser. Si la « pauvreté » — on s'y attendait — exclut la coquetterie vestimentaire, et si la « chasteté » — on l'a bien voulue — évacue toute possibilité affective, que dire de « l'obéissance », qui impose de demander des permissions pour les décisions les plus simples et qui vont de soi ? C'est le plus difficile, bien que nous en méditions chaque jour le sens : une voie d'humilité pour se « désencombrer », se faire plus « disponible à la Grâce », au souffle de l'Esprit.

De Suzanne, cette jeune femme de vingt-huit ans, mince, aux manières délicates, qui sort parfois d'un entretien avec Rose-Aimée les yeux rougis, je sais peu de chose. Secrète et réservée, elle nous fait vivre pourtant des moments désopilants, avec ses traits d'esprit qu'elle accompagne d'un rire communicatif, pendant que ses yeux se plissent de plaisir. Il semble que la vie lui lance un défi exceptionnel. De quel ordre, au juste ? Comme les confidences, entre simples compagnes, sont résolument découragées, je n'en saurai guère plus, même après un an passé ensemble.

La spiritualité est notre point d'ancrage à toutes trois. À la surface, les légers heurts quotidiens, le sentiment d'isolement parfois, les brefs moments de découragement ont beau faire des vagues, en dessous coule une eau qui se ressource continuellement à plus vaste et plus englobant, relié à la formule efficace du *5-5-5*.

Des psychologues se sont inspirés de la « recette » du père Parent pour l'appliquer à leurs thérapies. Si les hommes et les femmes, disaient-ils, mettaient cela en pratique, la plupart de leurs problèmes seraient réglés. Se référer plusieurs fois dans la journée à la Force suprême, avoir un but précis et unique auquel rattacher toutes ses actions, éviter les paroles destructrices — elles influent sur la pensée et le comportement —, donner de soi-même et de son temps par compassion pour les autres… En effet, imaginons des gens qui ne se plaignent pas, qui évitent la critique négative, qui aiment travailler et se dévouer, qui pensent davantage aux devoirs qu'aux droits individuels, imaginons cela dans la société… Et pourquoi pas, chez certains travailleurs syndiqués, chez les fonctionnaires ? Une révolution, rien de moins ! On devrait y songer.

Au quotidien, vie spirituelle et travail sont liés. Aussi, les résultats d'une telle symbiose se sont vite révélés concluants aux yeux des responsables munici-paux. Ils sont rassurés. Il n'y a qu'à voir la ferveur que nous mettons dans l'accomplissement de nos tâches ! Qu'aurions-nous d'autre à faire, d'ailleurs, que de nous dépenser pour ces enfants ?

Lorsque nos occupations nous laissent un répit, ne reste que le calme sans fin, d'un horizon à l'autre. Les couchers de soleil qui s'éternisent, au bout des terres, dans des vapeurs bucoliques. Les petits jours roses et frais qui ne connaissent que les chants d'oiseaux. Ces instants de calme prennent toute leur signification les fins de semaine et certains soirs, quand le sommeil tarde à venir. Le presbytère semble alors habité par une âme errante qui se glisse à pas feutrés entre ses murs. Parfois, elle s'échappe du rez-de-chaussée par la porte du living-room exclusivement réservé à monsieur le curé, boudant l'énorme berceuse, les lourdes tentures, les meubles vernis, pour venir nous rejoindre à l'étage, où chaque pas, dans le corridor, est accompagné de cra-quements. Alors on sait que quelqu'un existe, fait couler l'eau de la douche ou sort des cabinets d'aisances.

La première lettre à ma mère. Trop de choses à dire en même temps. Attendre. Je pose ma plume, éteins la lampe. L'expression réservée de ces gamins et de ces fillettes penchés sur leur cahier, certains avec applica-tion, d'autres boudant l'effort, me revient à l'esprit. Quelques garçons manifestent peu d'empressement pour l'étude. Faut-il s'en étonner ? Ils arrivent le matin déjà fatigués par leur participation aux corvées de la ferme. Je n'aurai pas le temps de m'attacher à ces enfants gentils et généreux qui ne me sont confiés que pour quelques semaines. Ces images en appellent d'autres, dans ce fil semi-onirique…

Après deux années d'enseignement plutôt éprouvantes à l'école Mazenod de Rouyn (les garçons avaient de dix à quinze ans, j'en avais dix-sept !) j'avais décidé de changer d'emploi, ne pouvant concevoir que chaque journée de mon existence doive se terminer dans l'épuisement et se prolonger jusque dans la soirée à corriger des devoirs et à préparer des examens. Aussi, j'optai pour un travail de secrétaire au bureau du ministère des Mines, situé en haut d'un édifice dont les fenêtres donnaient sur l'unique magasin de musique de la ville. J'allais goûter à la plus grande monotonie d'un travail qui me libérait — au début, je n'arrivais pas à le croire — dès cinq heures de l'après-midi, me laissant en pleine possession de ma vie, de mon temps, de mes loisirs…

Le seul aspect intéressant de cet emploi était le patron, personnalité aussi originale qu'effacée. Je ne l'entendais jamais marcher, et le volume de sa voix semblait réglé pour toujours au minimum. J'étais tombée sur l'employeur le plus gentil et le plus discret qui se puisse trouver. Géologue épris de son métier, monsieur Dugas s'absentait parfois une journée ou deux pour des explorations minières dans les environs, me laissant tout le loisir de ranger des papiers, de terminer une ou deux lettres, avec le téléphone sur le coin de mon bureau comme une invitation à appeler mes amis, ma mère, ma belle-sœur… Quand il était là, nous prenions la pause-thé en échangeant des considérations philosophiques et métaphysiques, tout en plaçant les pièces d'un casse-tête. Mon patron se doutait bien que je ne tiendrais pas longtemps dans un tel vacuum. Je mesurais avec lui mon vide spirituel et il semblait comprendre. Je parlais à mots couverts de départ, d'un besoin de dépassement, comme on esquisse un rêve en plein jour, et il approuvait tout en se demandant comment je pourrais renoncer à la musique, à la légèreté grisante d'une vie occupée par les sorties, la danse, les garçons. Mais quand je lui annonçai que j'entrais chez les oblates, il eut, tout au plus, un sourire entendu : ses intuitions se confirmaient.

Il y a des gens qui semblent suivre une trajectoire définie de toute éternité : un seul métier, une seule profession ; on ne se pose plus de questions. Ce n'est pas mon cas. Établir des priorités dans mes goûts et mes aptitudes ne fut jamais une mince tâche. Ma polyvalence m'a compliqué la vie. L'angoisse de toutes les possibilités en même temps. Qui se dissout dans la communication sur scène (la même, dans une certaine mesure, que dans l'enseignement), ou dans l'acte de création, cette zone mystérieuse où, soudain, l'inspiration suit l'effort avec une telle abondance qu'on ne peut tout rattraper, ou encore dans ces moments d'intériorisation qui nous habitent, le temps d'une brève, fulgurante illumination. Comme ces rares et beaux instants que je découvre ici, dans cette manière de vivre si étonnante, si étrange…

Rien de moins éclatant que l'autel étriqué de la sacristie où se dit la messe de 6 h 30 le matin. Rien de moins inspirant que ces murmures occultes auxquels répond en bâillant un enfant de chœur sorti trop tôt du lit. Pourtant, la cérémonie terminée, assise, les yeux fermés, il arrive que les quinze minutes allouées à l'*Action de grâces* m'apportent un incomparable sentiment de plénitude.

⚮

J'ai fini par trouver les mots pour écrire à ma mère. Lui dire que « je suis heureuse », sans entrer dans les détails. Je l'inquiéterais inutilement si je lui avouais que je m'ennuie. Terriblement. De la famille, de la maison, de la ville. Difficile d'expliquer que je n'ai pas changé d'idée sur mon choix de vie, mais que, certains jours, je me sens en terre étrangère, à des années-lumière des miens. Que j'aimerais m'en aller, mais que je suis contente d'être ici. Lui dire qu'au centième pas de monsieur le curé lisant son bréviaire sur la galerie, le cœur me fait mal. Lui dire que, si j'avais pu, j'aurais choisi une directrice plus souple. « Chère maman, mes compagnes sont charmantes. La santé, ça va... »

Sa réponse m'apporte une grande nouvelle. Mon frère Jérôme se marie. Celui que m'enviaient tant les copines : « Il est si beau, tu vas me le présenter ? » La timidité ajoutait au charme de sa voix à la Perry Como. Un brin moralisateur, mon frère qui me faisait la leçon, quand j'étais petite. Un garçon si raisonnable, admiré par toute la famille pour son bon caractère, pas comme le mien. J'étais étourdie, agitée : « Maman, qu'est-ce qu'on va faire avec celle-là ? » Et maman de répondre, avec le sourire de celle qui en a vu d'autres : « Inquiétez-vous donc pas, elle a un bon fond... »

Rose-Aimée ne veut pas discuter. Les oblates n'assistent pas au mariage de leurs frères et sœurs. Imaginez, les familles québécoises nombreuses comme elles sont ! On passerait son temps à la noce ! D'autant plus que ces regroupements familiaux représentent un danger pour de jeunes recrues aux dispositions encore fragiles.

Je peux supporter le calme à perte d'âme de cette campagne, la solitude au milieu d'un groupe de trois personnes aux caractères dissemblables, les levers trop matinaux, l'écran neigeux de la télévision de monsieur le curé les dimanches après-midi, et bien d'autres aspects rébarbatifs de ma vie de recluse volontaire, mais pas ça ! Être ici, alors que tout le monde se réunira pour célébrer un événement, à mes yeux, d'une importance capitale. Jérôme n'est-il pas mon frère le plus proche ? Impensable ! Et puis il y a ces lettres de Yolande et de Fabien qui me prient, ne serait-ce que pour ma mère, d'être au rendez-vous. « Elle a tant pleuré après ton départ. Fais un effort. Tu dois venir ! » N'y a-t-il pas là mission humaine de première importance ? Je trouve les arguments que je peux.

J'ignore ce qui l'a fait fléchir. « Adresse ta demande aux autorités du Cap-de-la-Madeleine », me dit-elle, enfin. Fine psychologie ou témérité de leur part, on m'accorde deux jours !

Je partis heureuse rencontrer les membres de ma famille dans un hôtel de Montréal la veille du mariage. En les embrassant, toute la tension accumulée depuis deux mois s'est déversée sur eux en un torrent. J'ai craqué. Devant l'abondance de mes larmes, et avant que je ne m'y noie, mes frères ont décrété : « Tu ne

resteras pas là un jour de plus. On te ramène à Rouyn ! »
J'ai tari ce flot. J'ai ri et dansé. Et je suis revenue à
Saint-Valère.

Le jour du mariage, dans le jubé de l'église Saint-
Eusèbe, le temps s'est arrêté pendant que je chantais,
des trémolos dans la voix, un *Ave Maria* qui n'a jamais
eu autant de sens que ce matin-là...

CHAPITRE 4

Le vent de novembre arrive en fou, libéré par le ciel vide des rangs de ferme. Jusqu'à la fin du mois de mars, il sera une présence presque quotidienne. Imprévisible et lancinant comme mes ressacs intérieurs.

Dans notre habitat tout neuf, nous apprécions notre nouvelle intimité. Si le luxe et la volupté en sont absents — pour paraphraser Baudelaire —, le sentiment d'être chez soi est, par contre, bien agréable. Un escalier à descendre et nous joignons, le jour, les classes ensoleillées et spacieuses de cette école tant attendue, qui vibrent depuis quelques semaines déjà d'une intense activité.

Oh ! professeurs de cette fin de siècle, enviez-moi ! Imaginez des adolescentes qui entrent, le matin, dans votre classe en souriant, s'installent et attendent, l'esprit disponible, de recevoir la nourriture intellectuelle que vous allez leur servir ! Bien sûr, il y a la nouveauté des lieux, le confort de ces bancs lisses et larges, les grands tableaux verts, les fenêtres qui donnent à voir des pans entiers de ciel, la complicité de camarades du même âge — fini la classe de l'école de rang à partager avec les petits —, les placards tout neufs, la salle de jeu au sous-sol, où viendra s'ajouter un piano... Mais il y a plus : je vois dans leurs yeux, sur leur visage attentif, le goût et l'impatience de connaître, d'apprendre.

C'est un plaisir de retrouver chaque lundi matin la grande et douce Solange qui veut vaincre ses difficultés d'apprentissage, la vive Céline, douée pour le chant, la grave et perspicace Germaine, minoritaire dans cette société miniature parce que protestante — elle assiste, parfois avec un sourire en coin, parfois intéressée malgré elle, aux leçons de religion faisant partie du programme —, la sensible Réjeanne, touchante dans les efforts qu'elle déploie pour surmonter sa timidité. Je suis leur coéquipière au ballon-volant et leur directrice de chorale lorsque, en fin d'après-midi, nous troquons les exercices de grammaire ou d'arithmétique pour le chant. Tout au long de l'année, la complicité entre elles et moi se fera de plus en plus grande.

On a reculé les horloges. Quand je termine ma préparation de classe, à l'heure du souper, la noirceur est complète dehors. Les bottes doublées ont fait leur apparition et les quinze minutes consacrées à la récréation se transformeront bientôt en bataille de boules de neige. On entrera dans l'école en abandonnant là un bonhomme privé d'un bras, d'une tête, à la merci du premier redoux.

ⱳ෴ⱳ

Quelque part, au milieu de cet automne, nous sommes invitées à la Maison centrale du Cap-de-la-Madeleine pour participer à une fête comme il y en a souvent, à l'occasion d'un retour de mission, d'un départ, d'un anniversaire ou d'une nomination.

Ghislaine, la responsable de ces soirées, a la foi qui déplace les montagnes. En fidèle émule du fondateur, elle ne tergiverse pas avec les difficultés, elle les pulvérise.

— Jacqueline, me dit-elle de but en blanc à notre arrivée, je t'ai mise au programme pour demain soir ! On voudrait que tu chantes !

Que je chante ? Pas question. J'ai abandonné le chant en entrant chez les oblates. Je ne vais pas remettre ça ! Elle n'insiste pas. Pas nécessaire, la cause est déjà entendue.

— Tu me diras quelle pièce tu as choisie pour la représentation...

Ma volonté retournée comme un gant. Comme si je n'avais jamais rien dit. Je me mets à imaginer le genre d'auditoire, pire, je passe en revue mon répertoire... Et si on allait carrément aux chants d'église ? À Rouyn, les cantiques de la chorale du dimanche ne succédaient-ils pas naturellement aux rythmes de la veille ? Un *credo* ? Un *kyrie* ? Pourquoi pas le *Dies iræ*, tant qu'à y être ! Cela correspondrait assez bien à ce que je ressens en ce moment.

Bien sûr... il y a l'*Ave Maria* de Schubert, risquai-je, finalement.

Une pièce qui rallie tous les genres d'émotion. Qui fait toujours l'affaire. Schubert est un rassembleur.

— C'est très bien, tranche Ghislaine, qui n'a pas douté un instant du succès de sa démarche, avant d'ajouter :

— Il faudra chanter *a capella*. Nous n'avons pas de piano dans cette salle.

— Sans accompagnement ?

C'est le comble ! Et quoi encore ? Mais, dans cette maison, les problèmes, malgré leur apparence, n'existaient pas.

Le lendemain soir, ils étaient tous là, beaucoup plus nombreux que j'avais imaginé. J'étais terrifiée. Au premier rang des « personnalités », un monseigneur bagué à la robe frangée de pourpre, sortant de je ne sais où, des membres du conseil central qui m'observaient avec une intensité déroutante, et une quarantaine d'oblates en attitude d'écoute, assises droites sur leurs chaises droites. Tous si proches de moi ! — la « scène » n'était en fait que le prolongement de la salle. L'éclairage au néon me révélait chacun de ces visages trop attentifs.

Pas de micro, cela va sans dire.

Pétrifiée par le trac, les jambes comme de la gélatine… Fabien, mon frère, où es-tu ? Je n'entends pas la batterie. Harold, mon ami, où est ton piano ? Claudette, aux arpèges enlevants qui me rassuraient, m'as-tu abandonnée ? Aucun recours. Pas d'échappatoire. J'aurais souhaité entendre une toux, un éternuement. Rien. Pas une respiration. Sur le linoléum propre et lisse, il me semble que l'on aurait pu échapper quelque chose, bouger une chaise. Mais non. Mon imagination s'affola : on devait entendre chaque battement de mon cœur, on en profitait pour évaluer ma taille, mon allure, ma valeur totale ; peut-être même que l'on scrutait le fond de mon âme pour y déceler tous les petits péchés dont je pouvais être coupable depuis ma tendre enfance. Pas un auditoire, un jury ! Et ce que je craignais tant arriva. J'avalai une note, la plus importante, la dernière. La fin du monde, ou tout au moins la mienne, était arrivée.

Les applaudissements, telle une chute d'eau, se sont fracassés sur le mur derrière moi. J'étais déjà sortie. Dans la coulisse, c'est-à-dire le corridor qui menait à son bureau, Ghislaine insistait pour que j'y retourne. Le rappel, je n'en avais rien à faire. On pouvait toujours m'attendre ! Je me demandais de quoi j'allais mourir : de peine, de rage ou de honte ?

— Voyons, me disait-elle, tu as été merveilleuse ! Un peu nerveuse, certes, mais ça ne se voyait pas.

— Ah bon ? Si ça ne se voyait pas, comment cela se fait-il que tu l'aies vu ?

Ma décision était prise et je la répétais à travers mes larmes : « Je ne chanterai plus JAMAIS ! JAMAIS ! »

Après un accident, on incite l'apprenti conducteur à reprendre immédiatement le volant pour ne pas laisser le traumatisme s'installer. C'est sans doute ce que voulut faire le père Parent le lendemain, au moment de notre départ. Nous étions plusieurs dans la pièce commune du rez-de-chaussée, où se trouvait un piano droit. Il se joignit au groupe et me demanda avec cette voix légèrement voilée et si persuasive que nous lui connaissions :

— Voudrais-tu chanter à nouveau l'*Ave Maria* pour nous, là, tout de suite ? Cela nous ferait vraiment plaisir.

Un clin d'œil à l'une des musiciennes de la maison. Se sont-ils entendus ? Elle est déjà au clavier. Après mon déboire de la veille, je n'avais même pas le goût d'argumenter, pas assez d'élan pour m'objecter. Comme on se résigne à une fatalité, je m'exécutai.

La petite salle s'emplit peu à peu. Le célèbre *lied* déployait son émotion, je me sentais de mieux en mieux, j'aimais ce que j'entendais. Pourquoi donc avais-je cru nécessaire de renoncer à ce plaisir ? Un plaisir qui a ceci de particulier qu'il fait aussi celui des autres ? La finale suscita une flambée d'appréciation. Je me sentais un peu chancelante, mais pour une tout autre raison, cette fois.

Le père Parent prit mes mains, me regarda dans les yeux et me dit : « Toi, Jacqueline, tu es faite pour le public ! » S'empressant d'ajouter un boutade de son cru destinée à vous décourager de « partir pour la gloire » ou d'avoir la grosse tête !

∽◦∾

Est-ce qu'on jette un coup d'œil à nos fenêtres, là-haut, le soir, essayant d'imaginer la vie que nous menons derrière ces rideaux ? Suzanne est en train de repasser un chemisier, Rose-Aimée prépare le menu du lendemain — nous attendons toujours la compagne qui sera chargée du ménage et de la cuisine — pendant que je range des vêtements ou termine la correction de devoirs. Après la diffusion du chapelet avec le cardinal Léger, la radio enchaîne avec une chanson d'amour qui évoque une nuit chaude dans une chambre d'hôtel... La musique et les paroles sirupeuses épaississent l'air. Rose-Aimée tourne le bouton.

Vers neuf heures, après la prière, nous réintégrons chacune nos chambres. L'insomnie menace. Comment effacer les chiffres mille fois expliqués, la répétition des règles de grammaire et de syntaxe, les paroles qui emplissent toute la journée : un tourbillon qui ne s'arrête plus dans le cerveau fatigué ! Il faudrait des distractions ou des activités sportives, mais nous vivons avant l'ère de l'aérobique et de la religion-santé.

Il y a, bien sûr, les invitations à aller regarder la télévision chez monsieur le curé, toujours aussi peu démonstratif. L'émission du père Émile Legault, poétique et intelligemment fignolée, le dimanche après-midi ; en semaine, des épisodes de téléroman qui seront vite jugés inconvenants par notre hôte. Quant aux *Music Hall* du dimanche soir, il suffira de quelques séances de danseuses « éjarrées », invitées par la provocante Michelle Tisseyre, pour que la télévision de notre bon pasteur devienne aveugle et muette à cette heure-là. Ce qui nous laissera un temps utile à ajouter à la préparation des classes du lendemain.

Heureusement, nos rires, parfois, pourraient à eux seuls faire fondre la glace accumulée sur la petite rivière derrière l'école. Car bien que nos tempéraments diffèrent, nous possédons toutes trois cette même aptitude à décanter, prendre le recul nécessaire pour libérer nos tensions. Allant jusqu'à caricaturer l'austérité de notre existence.

« De quoi se plaindrait-on, disait Suzanne. Ne sommes-nous pas allées, une fois, au cinéma à Victoria-ville ? » Oui, bien sûr, pour voir *Les dix commandements* ! Et puis, ne faisons pas la fine bouche : recevoir de la visite, c'est appréciable pour se changer les idées. Deux oblates, étudiantes infirmières, n'ont-elles pas passé plusieurs semaines avec nous ? En préparation d'examen. Le nez dans leurs livres. Ne soyons pas ingrates, tout de même, envers de bons paroissiens qui se sont dévoués plus d'une fois pour nous distraire. Que dis-je, pour parfaire notre culture. Que serait cette dernière, en effet, sans cette promenade en voiture qui s'est terminée par la visite guidée d'un poulailler haut de gamme de la région ? Nous nous sommes pâmées en chœur sur l'efficacité des locataires à plumes, sur le système de distribution, sur la vente, explications scientifiquement distillées par le propriétaire. Le coq lui-même nous a été présenté dans des termes dithyrambiques. Une efficacité révolutionnaire, avons-nous appris, au service d'une technique moderne de ponte. Et moi qui sait tout juste faire cuire un œuf ! Heureusement, Rose-Aimée, avec son sens pratique, a donné le change et apporté à nos exclamations un accent de sincérité. Il fallait bien honorer cet ami qui s'était sans doute longtemps demandé quel divertissement offrir aux petites enseignantes confinées à l'école.

Mais le rire ne guérit pas tout. Suzanne traverse des moments difficiles. Je suis touchée par son visage brouillé de chagrin après ses entretiens avec notre directrice. Dure traversée qui l'amènera un jour à des rivages plus sereins et plus ensoleillés, puisqu'elle s'épanouira à l'Institut.

Pour ma part, le désert de cette année qui se passe aux confins du dépouillement, du silence en soi, de la rêche approche de l'essentiel, s'il me fait découvrir des joies d'ordre spirituel, il me place aussi devant des défis de taille, comme celui de transcender mon problème de communication avec Rose-Aimée. Je suis impulsive, elle est réfléchie. Elle peut être irascible, je suis nerveuse. Elle est réservée, je m'enflamme. Un alliage parfait pour aboutir à une catastrophe que son honnêteté intellectuelle et notre bonne volonté sauront éviter.

Pour adoucir le climat du cœur, quoi de mieux que la musique ? Au piano du sous-sol, je choisis les pièces de *La Bonne Chanson* à montrer à mes élèves... « Le roi Arthur avait trois fils, quel supplice ! Mais c'était un excellent roi, oui, ma foi ! » J'improvise des accompagnements et harmonise les chants à ma façon. Un jour, mes doigts glissent sur un accord, en cherchent un autre... Je plaque un *sol* majeur, le rythme s'impose, un quatre temps bien précis fait naître les paroles... « Regardez toutes ces merveilles, regardez la vie qui s'éveille, chantez le Dieu créateur qui révèle au monde son cœur. Ne pas trop analyser, suivre la pulsion. Modulation en mineur. Le texte se développe. La voix prend de l'ampleur, tout ça se tient. Je n'arrête pas de chanter et de rechanter ce petit monde en soi qu'est une chanson. Il y a trente minutes, elle n'existait pas, et voici que non seulement elle m'exprime de façon originale, mais deviendra l'expression de ceux ou celles qui la chanteront à leur tour.

On n'est pas familier avec le concept d'auteur-compositeur. À Rouyn, comme ailleurs au Québec, nous faisions de la musique avec les chansons des autres, et si les noms d'auteurs français figuraient en toutes lettres sur les « feuilles de musique » achetées chez Migneault, c'était le chanteur ou la chanteuse qui portait seul, dans l'esprit des gens, le crédit de la création. Perçus comme des phénomènes, les Brassens, Trenet, Leclerc entraient dans une catégorie à part.

Dans notre bunker, au milieu des champs, nous ne pouvons soupçonner qu'une nouvelle culture de la chanson est en train de naître à Montréal, chez les Bozos avec les Desrochers, Ferland, Léveillée... Par ailleurs, les journaux relatent les succès d'un religieux français, le père Duval, qui « fait un tabac » partout où il passe avec ses chansons fines et bien écrites. Mais, n'ayant pas de tourne-disque, les occasions de l'entendre sont rares.

Aussi, suis-je moins que rassurée lorsque j'interromps Suzanne dans son travail pour lui demander d'écouter ma composition. Ses yeux noisette plus pétillants que jamais, elle conclut :

— Mais tu viens d'écrire une vraie chanson ! C'est bon, crois-moi. Il faut que tu en fasses d'autres !

J'en resterai, pour le moment, à cette expérience isolée.

∽◦∽

Après quelques signes printaniers, l'hiver en remet et le vent, pour un rien, tourne en tempête. Dans le petit matin gelé, plongées dans l'obscurité, trois jeunes filles drapées dans leurs manteaux, le visage protégé du froid par un épais foulard, traversent hâtivement la route pour aller assister à la messe. Monsieur le curé Champagnat, long dans sa chasuble longue, le visage clos sur son univers intérieur, enchaîne les versets latins, les oraisons, les offrandes, et distribue sans discriminer la communion qui efface les ombres, renouvelle les forces, fait le pont entre les vieilles pensées et les perceptions neuves. Après la bénédiction vite expédiée, la paix s'installe dans la petite chapelle. Minutes de recueillement qui mettent en marche les énergies pour le travail et la vertu du jour. Vertu de charité : éviter les jugements hâtifs ; vertu d'amour : donner de son temps, de soi-même, aimer Dieu à travers les autres. Je termine ma méditation écrite par une résolution : « Aujourd'hui, trouver trois occasions de faire plaisir à Rose-Aimée... »

CHAPITRE 5

« Qu'est-ce que tu as ? À quoi penses-tu ? »

Tintements des verres derrière le comptoir. Rumeurs tamisées du bar. Sur la piste de danse, les vibrations d'une musique saccadée. Une voix de jazz se fraie un chemin dans l'air enfumé.

— À Dieu !

Grand éclat de rire.

— Qu'est-ce que c'est que cette idée ?

Mon ami est complètement abasourdi. Me croit folle.

— Écoute. Non, plutôt : imagine. Pense à ce qu'il y a dehors, à ce que tu y vois. Un ciel fourmillant d'étoiles. Tu lèves un peu la tête, et voilà encore plus d'étoiles ! Une coupole de lumière qui t'attire vers un ailleurs infini. Millions de galaxies qui vibrent en silence ! Et ce n'est qu'une parcelle de l'univers, un grain de sable dans la splendeur du monde créé. Crois-tu vraiment qu'il n'y a aucune Intelligence à l'origine de cette réalité vibrante qui nous entoure ? Au-dessus, en dessous, en dedans, jusque dans le moindre atome de notre être !

Mon ami n'a pas du tout envie de parler d'astronomie, encore moins de métaphysique. Il commande un verre de cognac et m'invite à danser.

Cet accès de mysticisme est loin d'être le premier.

J'ai neuf ans... À Guérin, petit hameau lové au sud-ouest du Témiscamingue, nous sommes quelques familles à habiter le long d'un chemin de gravier, près d'un boisé d'où un ours sort de temps en temps... J'ai accompagné ma grande sœur Yolande et son amoureux jusqu'à la colline. Ils s'en vont à la veillée de danse du samedi soir, au bout du rang. Rien ne me presse de rentrer. Appuyée à la clôture de la terre des Pépin, nos voisins, je reste de longues minutes à contempler la ligne empourprée à la limite du champ. C'est la frontière qu'il me faut franchir pour atteindre toutes les connaissances, avoir toutes les réponses, trouver la clé de mon destin. Pendant que le soleil sombre lentement dans ses couleurs, je ne cesse de me répéter, le cœur gonflé comme un ballon : « Un jour, j'irai plus loin que l'autre bout du monde ! » Dans une sorte d'état second, j'aspire à atteindre non seulement le bout du monde, mais une réalité insaisissable, d'un autre ordre, que je ne peux nommer ! Je me sens immense en dedans. Je désire Tout et, à cause de ce désir même, en ce moment précis, rien ne me manque.

Je rentrais à la brunante, une fois le soleil englouti dans un océan trop lointain pour pouvoir l'imaginer. M'amusant à imiter le chant d'oiseau que l'écho dispersait chaque soir à la même heure dans la campagne.

Mon frère, Marcel, était un passionné des questions existentielles. Il scrutait, en les retournant dans tous les sens, chacune des informations qu'il grappillait dans les livres d'Histoire, sur les origines de l'homme, l'évolution de la couche terrestre, le mouvement des astres. Cette curiosité avide, liée à un scepticisme vigilant, en faisait un causeur toujours intéressant qui communiquait, avec un don rare, l'urgence de prendre ses distances des banalités pour cerner l'essentiel. Je l'écoutais comme si j'allais à chaque fois recevoir la révélation suprême. Puis, une fois seule, je réfléchissais à tout cela jusqu'à en avoir le vertige : après, au-delà, quand il n'y a plus de ligne de démarcation, après la forme, une fois la limite de l'univers franchie, qu'est-ce qu'il y a ? Dans ma petite tête d'enfant, la réponse restait en suspens et je basculais dans le vide, le refusant du même coup, me disant qu'il devait bien y avoir quelque chose avant le commencement, après la fin ?

Si je ne suis jamais arrivée à persuader mon ami de la futilité d'un verre de cognac ou d'une jeunesse à ne faire que danser, je n'en étais pas moins restée convaincue que je devais « faire quelque chose de ma vie ». Pour beaucoup d'autres, c'était le mariage, les enfants, mais il me fallait autre chose. Il y avait en moi une aspiration qui réclamait un engagement radical. Pourquoi pas le don total de ma disponibilité et de ma jeunesse à Celui par qui se mouvait l'univers et en qui se trouvaient, logiquement, toutes les réponses ?

Dans cette fin d'hiver qui s'annonce, je prends de plus en plus conscience de l'écart entre ce noble idéal et l'exigence d'un dépassement quotidien, d'un véritable détachement.

La neige s'est tassée et salie en fondant. Des plaques d'herbes et de foin apparaissent, bêtement dénudées, sous un soleil encore pâle. Lorsque la rivière recommence à gazouiller sous des restes de glaces à la dérive, et que percent les premiers bourgeons, mes entretiens avec Rose-Aimée tournent autour d'un même sujet : ma « vocation ». Dont je suis de moins en moins sûre. « Je me suis trompée, ce n'est pas ici ma place. L'épreuve est trop grande pour moi. » Je n'entends que cela dans ma tête depuis quelque temps.

Et la belle saison qui s'amène avec les premières douceurs, cela n'arrangera pas les choses. J'ai beau avoir plongé avec assez de succès dans des eaux intérieures, avoir évacué la vision empreinte de culpabilité de la religion de mon enfance, entrevu la lumière libératrice de ce don d'amour quand on sait s'abandonner, un autre « moi » se débat comme un diable dans l'eau bénite. Je n'entends qu'une suggestion : m'en aller.

— Je n'en peux plus. C'est trop pour moi !

— Qu'est-ce qui est trop pour toi ? demande Rose-Aimée sur un ton parfaitement calme.

Comme si elle ne savait pas ! Un presque sourire au fond de ses yeux clairs. Secondes de complicité. Les points vont être mis sur les *i* au premier silence venu.

Dehors, des gouttes d'eau, prismes minuscules emprisonnant la lumière, tombent d'un arbre comme une suite ininterrompue de bienfaits du printemps. Nous pensons toutes les deux à ces incompréhensions qui nous mettent en conflit.

Mais si ce n'était que ça... Par quoi continuer ?

Chez les oblates, on n'insistait pas pour garder quelqu'un. Le chemin de la sortie était naturellement conseillé à une recrue trop dépendante ou trop fragile émotivement, et on acceptait sans faire d'histoires le choix de celles qui décidaient de ne pas renouveler leurs vœux et de s'en aller. Quant aux jeunes filles en probation — c'était mon cas —, aucun engagement n'étant en cause, elles étaient libres de leur choix en tout temps.

Je ne dois pas être très convaincante. Rose-Aimée me regarde avec une désarmante assurance, et cette totale bonne foi que je lui connais bien et qui oblige à jouer franc jeu.

— Si c'est mon opinion que tu veux, dit-elle au bout d'un moment, je crois sincèrement que tu as la vocation. J'en vois tous les signes. Tu en as la générosité !

J'ai continué à parler sans trop savoir ce que je disais, tout en observant distraitement les effets du dégel dehors. Des oiseaux sont venus se percher sur un arbre rabougri.

— Je ne pourrai pas toujours me passer du plaisir, dis-je finalement.

— Du plaisir ?

— Celui des amours, des amitiés, d'une liberté que je confonds encore — ai-je tort ? — avec un temps qui m'appartienne en propre. Le plaisir de la bonne chère, du boire et du manger. Celui de fumer une bonne cigarette…

Elle m'interrompt.

— C'est tout à fait normal. Tu es en plein sevrage. Ce n'est pas pour rien que les vœux ne se prononcent qu'après un an et demi.

Les oiseaux quittent l'arbre et prennent leur envol. Qu'ajouter à cela ?

Les premières journées chaudes de juin. L'excitation ambiante, la fièvre des examens, les pique-niques avec les élèves. Partout, la nature qui crie délivrance ! Les oiseaux qui font chorale matin et soir et la rivière qui court, entre les buissons, dans le ventre de la terre. Une délicieuse sensation de jeunesse et de vie dans nos membres, dans nos corps. En symbiose avec le monde qui s'épanouit et s'éclate. Promesses d'été, de voyages, de flâneries. Délicieux emportements.

On n'en avait plus reparlé ! Manque de courage, sans doute, je remettais toujours à plus tard ma déclaration que j'avais bien préparée, cette fois. Ce sera bref. Je ne lui laisserai pas le temps de m'interrompre : Voilà, j'ai bien réfléchi, je repars dans ma famille, merci pour tout, ce fut une belle expérience. Dès la fin des classes, ma valise, au revoir, adieu, bonjour !

Je ne sais plus ce qui me faisait signe par la fenêtre, ce jour-là. Nous étions dans son bureau et peut-être n'y avait-t-il rien dehors où accrocher ma pensée. Après les questions d'ordre pratique, nous avons repris le sujet au même point où nous l'avions laissé deux mois auparavant. Je lui débitai mon laïus en y ajoutant tout de même un peu de style…

— J'ai une idée, répond-elle.

Comment cela, une idée ? Ne m'a-t-elle pas comprise ? Je viens de lui dire que je pars. Que je m'en vais. N'est-ce pas limpide, absolument clair ?

Elle sourit gentiment.

Quel lien paradoxal ai-je eu depuis le début avec cette fille dont j'admirais l'intelligence et l'intégrité ! Quel cheminement étrange et instructif nous terminions chacune de notre côté : elle, sûre et déterminée dans sa voie, moi, débutante, fébrile, à la fois enflammée et pleine de doutes !

— Bien sûr, Jacqueline, c'est ta décision. Mais si tu veux un dernier conseil...

— ...

— Si j'étais à ta place, je profiterais de l'été pour réfléchir.

L'été ? Pour réfléchir ? Et moi qui meurs justement d'envie de me jeter dans l'été ! De me fondre dans ses joies et ses exubérances ! Tu parles d'un conseil !

— Qu'est-ce qui te presse ?

Elle ne me laisse pas le temps de répondre.

— Au mois d'août, à l'École normale de Sherbrooke, il y aura une session d'études intensive. Elle te permettrait d'acquérir le diplôme « Supérieur » qui te manque. Tu pourrais profiter de la retraite qui suit ces cours pour repenser à tout cela tranquillement, dans un climat de calme, et prendre une décision bien réfléchie. Qu'as-tu à perdre ?

Un été de loisirs, le retour à la vie, voilà ce que j'ai à perdre, me dis-je en moi-même. Tout en admettant, bien malgré moi, la logique de son raisonnement. En fait, à prendre mon temps, je ne risquais rien d'autre que de partir avec plus de sérénité, l'esprit en paix.

Après les classes, Suzanne, Rose-Aimée et moi nous sommes quittées pour prendre quelques jours de vacances dans nos familles respectives. J'employai ce bref séjour chez moi à être proche de ma mère, en évitant toute allusion à l'incertitude de ma situation.

Au retour : les épinettes sombres au garde-à-vous sur des centaines de kilomètres le long de la voie ferrée ; mes pensées vagues, presque indifférentes, accordées au roulis du train. Quelques voyageurs, ramassés sur eux-mêmes tels des sacs de vêtements, dorment dans la position du fœtus. Trois jeunes garçons boivent de la bière et veulent faire voir au reste du monde que la vie vaut bien quelques bonnes blagues. Je sors un crayon et m'amuse à commencer une chanson selon les stéréotypes du genre : « Lune blanche qui fait rêver tous les amants… » « Vallée Jonction, Five minutes ! » crie le contrôleur, un anglophone noir peu aimable aux passagers en correspondance.

CHAPITRE 6

Sherbrooke, tout en pentes et en collines, est une ville née pour être escaladée. Des hauteurs où l'on se trouve, on aperçoit, au-delà des toits d'un quartier populaire, le centre-ville que surplombent la cathédrale, le grand séminaire et l'archevêché. En bas, la rivière Saint-François coule paresseusement, presque assoupie, dans une fin de journée encore chaude.

J'enlève mon blazer. Caresse de la brise sur ma nuque. Une voiture décapotable passe. Sur la banquette arrière, deux couples chantent à tue-tête. L'une des filles pousse un cri, mais c'est aussi un rire. Le conducteur a le pied lourd. Sept heures. Vont-ils au cinéma ? À un souper dans un chalet avoisinant ? Plus tard, il iront danser. J'en ai bouffé de ces soirs de fureur de vivre ! La vie au premier degré, insouciante. Avant l'autre, celle des choix, des engagements.

Ce soir, une unique résonance en moi : la liberté, telle une sirène quémandant sans cesse attention, appelant au secours. Comme manière d'insister, elle ramène un à un ces bonheurs qui surgissent d'un rien, d'un rire, d'une scène de l'enfance…

Mon père m'emmène dans la forêt où il doit couper du bois. C'est l'hiver. Deux chevaux tirent le traîneau. À midi, le soleil est brillant, l'air est sec, mais il fait froid, trop froid. Papa me dit de rentrer, un seul cheval suffira pour son retour. Sur la lourde bête de trait, trônant telle une reine des neiges au milieu de la nature givrée, je ferai une entrée triomphale à la ferme, cavalière sans selle dirigeant ma haute monture avec deux simples cordes.

C'est l'été, nous allons à cheval, mon frère et moi, faire l'inventaire des « talles » de bleuets, repérer les bons endroits pour la cueillette. On s'avance dans les champs de pissenlits, puis dans les buissons qui vibrent du chant des cigales ; sur nos montures, nous voilà les héros d'une histoire qui ne se lit pas dans les livres. À défaut de la trouver dans les rayons d'une bibliothèque, la magie s'invente dans une vie simple et près de l'essentiel, faite de joies instantanées. L'été des fraisiers et des framboisiers, les nids d'oiseaux dans le grenier d'une maison abandonnée, la crique au bout de la terre et les « ménés » à pêcher, comme autant de trésors. Et la musique ! Les guitares, le violon, la mandoline… Ça faisait du plaisir en vrac dans la maison et jusque sur la balançoire, les soirs de juillet. Un seau d'herbes fumant pour éloigner les maringouins ; et, à mesure qu'avance la noirceur, les lucioles qui s'allument, petites étoiles microscopiques trouant la nuit.

Plus tard, en ville, le premier amour, le plus tendre. Marcher pendant des heures sous un ciel d'hiver d'un bleu lumineux ; s'arrêter, mêler nos haleines, vivre ce que l'on voit au cinéma… Mes parents y avaient coupé court : dangereux de tant et si tôt s'enflammer.

La liberté. Celle qui m'avait fait décréter, toute petite, que je ne me marierais jamais. Une vie à deux pour toujours ? Inconcevable. Et si je m'éveillais un matin en réalisant que je me suis trompée ? Parfois je rêvais que, le jour de mes noces, après la cérémonie du mariage, je me rendais soudainement compte de l'évidence du non-retour. Cauchemar ! — on n'envisageait pas le divorce, à l'époque. « Toute ma vie avec la même personne ? Impensable, disais-je à maman. Pas pour moi. Pas de liens définitifs. Besoin d'air. » Mais aussi, besoin d'affection. D'où dilemme. Le visage de ma mère… J'y lis un seul désir : que je sois heureuse. Quant à mon père, silencieux et philosophe, rien de moi ne l'étonne. Il m'a vue, à dix ans, composer des discours politiques sur la générosité du régime égalitaire proposé par le Crédit social ! Voisinage oblige : monsieur Caouette demeurait juste en haut, sur la rue Larivière. Mon père me comprenait. Comme lui, j'accordais peu d'importance à l'organisation matérielle de ma vie. Toute tendue que j'étais vers la recherche du sens à donner à ce mal en soi qui cherche son contraire : ce bien ultime que l'on n'atteint jamais.

Le soleil se faufile derrière les maisons à l'ouest, avant d'errer, en chien-loup, dans les ruelles devenues sombres. Je remonte l'entrée asphaltée de l'École normale, le pas imprécis comme mes pensées. Dans la cour arrière, les religieuses qui ont charge de la maison, coiffes blanches et robes longues à plis, rangent avec des gestes posés et minutieux leur matériel de couture et de reprisage. Harmonie en noir et blanc, à suspendre dans le temps. Je croise un groupe de compagnes qui se promènent en chantant. « Viens donc te joindre à nous ! », me lance l'une d'elles. Je prétexte la fatigue.

La session d'étude est terminée. Trois semaines d'immersion dans les livres ne nous ont guère laissé de temps pour penser à autre chose. C'est dans un climat bien différent que nous baignons maintenant, alors que commence la retraite d'été.

La maison d'enseignement se prête bien à ce grand rassemblement d'oblates qui viennent se ressourcer, refaire le plein d'énergie avant de repartir chacune vers leurs occupations diverses « au service de Dieu et de l'Église » dans le monde. L'Institut vit ses années de grand essor et, dans les sphères où œuvrent les oblates, ces dernières confirmeront, cette année encore, leur réputation d'efficacité, de simplicité et de dévouement. Partout, on se les arrache. Le cardinal Léger, qui manie bien la métaphore, vante le dynamisme de la « petite mafia de la Vierge »…

Je quadrille de mes marches silencieuses le bocage derrière l'édifice, pesant le pour et le contre d'une décision qu'il est plus qu'urgent de prendre… J'essaie d'être logique, mais plus je raisonne, plus cela s'emmêle dans ma tête.

Rose-Aimée s'est trompée sur un point : je ne vois pas plus clair maintenant qu'en juin. Comment choisir entre deux libertés ? Celle qui demande tout, en échange de la plus grande libération intérieure, ou celle, concrète, physique et bien légitime, qui est de vivre d'abord pour soi. Je crois entendre un appel à poursuivre la route sur laquelle je me suis engagée, mais cette voix est aussitôt dominée par d'autres, plus convaincantes, beaucoup plus attrayantes. Quelqu'un pourrait-il poser un regard objectif sur cette embrouille ?

Blanche, une directrice régionale, est l'écoute personnifiée. Tout comme sa mine rassurante, son esprit est clair, ses raisonnements limpides. Tandis que nous causons, assises sur un banc, ou marchons dans les sentiers, j'ai tout le loisir d'explorer avec elle mes états d'âme qui n'en sont pas à une contradiction près.

Essayez de retenir quelqu'un, il fuira. Elle fait donc tout le contraire. Pas de divan de psychanalyste, mais la thérapie parfaite : elle me laisse parler. Les arguments, les prétextes, les esquives, les alibis et les élans sincères, tout confondus, sortent de ma propre bouche. Quand j'ai tout dit, elle conclut : « Tu as tout pour t'épanouir dans ce genre d'engagement, mais il te faut savoir si tu le veux vraiment. Demande à l'Esprit saint de t'éclairer… »

Au cours des heures libres, une fois le silence levé, plusieurs groupes se forment, où l'on échange rumeurs et spéculations sur les prochaines obédiences. Je ne me suis même pas demandé si l'on avait songé à me « caser » quelque part. Rose-Aimée a dû informer ses supérieurs de ma situation. J'ignore ce qu'ils se sont dit. Peut-être rien, car bien d'autres sujets les préoccupent dans l'immense tâche d'organisation qui est la leur. Il y a tellement de monde à diriger ici ou là, tellement de besoins à combler : il faut répondre aux demandes des diocèses, des paroisses, des hôpitaux, des commissions scolaires… On n'a certes pas le loisir de se pencher sur les états d'âme d'une recrue qui n'est là que depuis un an. Ils m'ont oubliée. C'est, au fond, ce que j'espère. Ça me donne un peu de répit, pour réfléchir encore. Réfléchir ? Jusqu'ici cela ne m'a pas beaucoup avancée !

J'en suis là lorsque le père Parent, arrivé la veille, nous rejoint dans la cour extérieure après le repas du midi.

— Jacqueline, nous avons pensé, pour ton poste en septembre...

Mon quoi ? Je n'ai fait aucun projet, moi, pour septembre. Je ne vois pas septembre. En ce moment, je ne vois que mon embarras. Trouver le moyen de l'interrompre pour lui dire : ne perdez pas votre temps, vous vous adressez à une fille qui bat de l'aile et essaie désespérément de s'envoler. Une fille qui attend la fin de la retraite pour...

— Accepterais-tu de prendre la direction de la petite école de Saint-Charles-Garnier ? C'est ici, en banlieue de Sherbrooke...

Je n'entends pas le reste de la phrase. La stupéfiante proposition continue à résonner dans l'innocence de cet après-midi d'été ! Je suis sans voix.

— Mais...

— Rose-Aimée m'a fait un excellent rapport sur ton travail d'enseignante, ta maturité, ton sens des responsabilités. Tu as des capacités, il faut que tu les exerces.

Encore faudrait-il que je veuille être oblate. Est-ce qu'il se pose cette question, au moins ?

Pas nécessaire. « Il sait » ce qu'il me faut ! Pourquoi se perdre dans des détours inutiles ?

Je retrouve enfin mon souffle...

— Mais je n'ai que vingt ans !

Me voici ramenée malgré moi sur le terrain de l'obédience. Le pire, c'est qu'on va me demander une réponse, et ça, c'est très embêtant.

Tandis que la directrice générale, à ses côtés, cite le nom des compagnes de « mon équipe », toutes un peu plus âgées que moi (rien pour me détendre !), le regard myope du père Parent scrute le marais où je patauge. Puis il lance cette phrase, ce *leitmotiv* que nous avons toutes entendu, chacune à notre tour :

— Tu en es capable. Ne doute pas de toi !

Quand il a marché sur l'eau, Pierre s'est enfoncé dès qu'il a pris conscience de ce qu'il était en train de faire. Rester inconsciente. Voilà. Mais il y a un petit détail : d'abord savoir si je reste ou si je pars.

— Ne te presse pas, réfléchis. Tu me donneras ta réponse demain.

— Demain ?

La perspective de diriger une école, si petite soit-elle (Saint-Charles-Garnier n'avait pas, alors, la dimension qu'on lui connaît aujourd'hui), et une équipe de compagnes n'a rien pour m'emballer. Ce rôle d'autorité ne m'excite pas du tout. Aussi, l'offre de cette responsabilité ou, si l'on veut, de cette « promotion » m'effraie bien plus qu'elle ne me flatte.

Mais il y a un avantage énorme à l'intervention surprise du père : j'ai l'ultimatum qu'il me fallait. Poussée dans mes derniers retranchements, me voilà obligée de prendre une décision. Et vite. Partir met un terme à toute cette aventure ; rester signifie l'engagement des vœux dans six mois. Me voici au bout de la jetée : tourner les talons, rejoindre mon moi douillet ou… plonger.

Cette fois, il me faut aller voir et « entendre » ce qui se passe réellement au fond de moi. J'irai chercher ce qui parle à mon cœur et non à ma raison, identifier ce qui l'emporte sur tout le reste, ce qui me complète rien qu'à l'évoquer, ce qui m'éblouit quand il n'y a plus rien d'autre... Je dirai oui, ou non.

Dans la demi-obscurité de la chapelle, le soir venu, je suis restée agenouillée pendant un long moment. J'essayais de voir ce qu'il y avait en jeu : d'un côté, la vie amoureuse, le mariage éventuel, les enfants, la priorité au plaisir des sens, les possessions matérielles, les projets, une carrière, de l'argent, une vie sociale ; de l'autre, le dépouillement, une option brûlante d'amour, pleine d'exigences sans compromis. Invitation sublime adaptée à mes aspirations illimitées.

Mais cette comptabilité ne sert à rien. Rester ouverte, disponible. Simplement écouter. Un silence peu instructif, au début. Puis, petit à petit, comme une lumière discrète et dense à la fois, une réalité indéfinissablement belle investit toute ma personne. Une voix plus large que la vie même veut me répondre. Instant divinement habité. Ces mots se forment sur mes lèvres et, à mesure que je les prononce, dilatent tout mon être : « Je Te donne ma chère liberté... tout ce qui tourne autour de ma petite personne, toutes mes attentes, tous mes désirs, tous les beaux projets que je pourrais avoir "dehors"... Je T'aime totalement et Te préfère à tout. Soit ! J'acquiesce, je me rends ! »

Un an auparavant, presque jour pour jour, j'adhérais avec ma raison, comme on suit avec certitude une intuition. Maintenant, c'était avec le total accord du cœur. Ivre de tendresse, je suis sortie de la chapelle, incroyablement légère. Sous mes pieds, le plancher voulait se dérober. Grisée par le vertige de ce « oui », je marchais tel un voyageur fraîchement débarqué, nu et sans bagages, sur le sol d'une autre planète.

CHAPITRE 7

Comme un navigateur sait que la mer est là pour être traversée et qu'il n'y a plus de port où s'attarder, j'ai entamé cette deuxième année toutes voiles dehors, sans aucune velléité, dans la nouvelle tangente que prenait ma vie. Sur la lancée d'un « lâcher-prise » qui m'avait complètement libérée. Il n'y avait plus qu'une seule motivation, tout s'y rattachait, inspiré par l'acte d'amour prononcé, salvateur.

Et je me mis à écrire des chansons.

Dès que j'avais un moment libre, un dimanche après-midi, un bout de soirée, j'écrivais à grands traits au tableau noir de la classe des petits, une enregistreuse ronronnant à mes côtés, aidée d'un vieux piano. Sans chercher les sujets. Un élan de ferveur, suite à une méditation, un sentiment de reconnaissance envers le Créateur, une page d'Évangile qui me touche, et voilà une nouvelle composition. Rien d'intellectuel, il va sans dire, la simplicité à l'état pur.

On dit que les gens les plus occupés sont ceux qui trouvent le plus facilement du temps. Je ne peux qu'expliquer ainsi le fait que, débordée par mes nouvelles fonctions, je n'en arrivais pas moins à émailler mon horaire d'éclaircies musicales, mue par une inspiration qui poussait le texte sous ma main et me soufflait à mesure les mélodies.

C'est avec un peu d'appréhension, pourtant, que j'étais arrivée en septembre, affublée du double titre de directrice de l'école et de mon équipe d'oblates, en plus d'être titulaire d'une classe mixte d'adolescents. Plutôt novice dans le travail d'administration, je pressentais tout le poids des tâches à venir dans cette première partie de l'année scolaire.

Heureusement, mes nouvelles compagnes allaient me faciliter les choses, tant par leur gentillesse que par leurs compétences. D'autant plus que quelques-unes d'entre elles en étaient à leur deuxième ou troisième année consécutive à Saint-Charles-Garnier. L'environnement leur était familier. D'entrée de jeu, j'ai adopté envers elles la seule attitude qui s'imposait : évoluer en toute démocratie. Je n'allais pas compliquer mon existence et la leur avec mon titre.

Tout de suite, nous nous sommes senties comme une petite famille, dans ce logement qui ne nous en laissait pas le choix. Tout convergeait vers la cuisine-salle-à-manger, où la table servait autant à certains travaux scolaires qu'aux réunions internes ou avec des visiteurs. Cette pièce ensoleillée donnait sur un balcon d'où l'on pouvait voir, au loin, le mont Orford sur un horizon toujours changeant. Un petit salon boudoir faisait office de bureau et de troisième chambre à coucher, avec son divan-lit. C'est là que, en remontant de la classe des petits, je rangeais le magnétophone et les bandes de mes chansons.

La lumière n'allait pas rester longtemps sous le boisseau. Ces chansons étaient destinées à être partagées. Sur l'insistance de mes compagnes, je n'eus d'autre choix que de les faire entendre au père Parent, qui conclut ainsi sa visite dans notre cinq et demi :

— Demande à ton frère de te dénicher une bonne guitare. Nous te l'offrirons.

L'idée la plus logique, exprimée sans ambages, avait jailli naturellement, traduisant bien sa mentalité : « Vous avez un talent ? Remerciez-en le Bon Dieu et faites-le fructifier ! » Quand Jérôme me remit la guitare Martin dans son étui doublé de velours, c'est avec une espèce de vénération que j'en caressai le bois lisse, fis chanter les cordes neuves, avant d'enchaîner les quelques accords que je connaissais. L'instrument n'allait plus me quitter.

Les visites du père Parent constituaient toujours un événement. Il arrivait à l'improviste, accompagné de deux ou trois oblates qui profitaient ainsi de la qualité de sa présence et de ses conversations jamais banales. Son esprit vif, son humour, son art de cerner une réalité en trois expressions, ses allusions bien ciblées, la compagnie de notre fondateur était un véritable « remontant ». Pour le moral, et aussi pour l'esprit, car il forçait la concentration. La moindre faille dans le jugement de son interlocuteur, le premier lapsus échappé se méritaient une repartie la plupart du temps drôle, toujours juste, mais jamais méchante. J'apprendrai plus tard que ce style n'a pas plu à toutes. Quant à moi, cette habileté à ne jamais rater la cible faisait mes délices.

Je crois qu'il se présentait ainsi, sans avertir, pour nous surprendre dans notre quotidien. Il pouvait dès lors capter une ambiance sur le vif, savoir instinctivement ce qui allait ou n'allait pas. Parfois, un mot avec la directrice, prise à part, aidait l'intuition... En peu de temps, il prenait de nos nouvelles, tout en nous informant du développement de l'Institut. Il parlait de nos missions étrangères, commentait les exploits de l'une ou de l'autre oblate dans son travail, faisait état de ses rencontres, des témoignages reçus. L'ensemble, truffé de récits cocasses ou graves, toujours édifiants. Sans jamais manquer de faire le lien avec l'esprit que nous devions propager autour de nous : un sens positif à donner à chaque événement ; faire preuve d'un dévouement joyeux ; vivre une heure à la fois ; mettre Dieu au centre de notre quotidien. Et pour entretenir l'harmonie, ne pas oublier les cinq petits services concrets à rendre chaque jour, comme autant de clous à enfoncer dans une bonne habitude. Enfin, ne pas gaspiller son temps en regrets, en plaintes ou autres attitudes méprisables du même acabit !

Une taquinerie bien placée, un mot d'encouragement pour chacune, et il nous laissait stimulées, chauffées à blanc, convaincues plus que jamais de notre utilité dans le monde. Après son départ, on pouvait lire sur les murs un slogan aussi palpable qu'invisible : « Les problèmes, évitez d'abord de les créer et il n'y en aura pas ! De la sorte, vous les épargnerez à vous-mêmes et aux autres ! »

Des problèmes, je n'en ai pas beaucoup avec mes compagnes. Nous nous entendons bien. Seule Lucie, quelque peu taciturne, s'isole quand cela lui plaît. Elle semble trouver ses propres réponses dans son univers intérieur, ce que je ne saurais remettre en question. Lucie ne se prive pas pour autant de sourires complices quand l'heure est à la détente. Les tout-petits adorent cette enseignante dans la trentaine, expérimentée, qui compense auprès d'eux sa difficulté de communiquer avec les adultes.

Comme un ciel d'été glisse de l'ombre à la lumière au gré des nuages, tout se lit sur le visage de Claire, tour à tour gaie, sensible, inquiète ou moqueuse. Claire, à la voix claire comme son nom, entremêle rires et larmes sans fausse pudeur, elle a le cœur sur la main et vit ses trois vœux sans apparente frustration. À vingt-quatre ans, elle ne semble pas affectée par le fait que sa directrice soit un peu plus jeune qu'elle. Elle est diplomate, aussi : je ne saurai jamais l'évaluation exacte qu'elle m'accorde en son for intérieur…

Quant à Isabelle, la gentillesse, la serviabilité et la modestie la résument tout entière. Cette fille aux cils trop pâles, aux traits presque trop doux, n'a que vingt-deux ans. Dans son attitude un peu effacée, on devine un feu qui couve. Cette peau diaphane cache un être solide qui révélera sa force un peu plus tard. Elle dirige sa classe, mine de rien, avec habileté et succès, et n'a jamais l'air fatigué. Si on la surprend songeuse, elle lève la tête et on a droit à un sourire garanti. Et elle chante. Dotée d'une oreille parfaite, il n'est pas une mélodie dont elle ne puisse improviser instantanément l'harmonie. Isabelle ne fait pas exception dans cette maison qui résonne, plus souvent qu'autrement, de chants et de chansons.

∽∘∾

Dans l'autobus cahotant où nous avons pris place, Anne-Marie interrompt sa lecture pour jeter un coup d'œil au paysage inégal, où apparaissent des habitations de styles disparates. Peu à peu, les rarissimes bouquets d'arbres cèdent la place à une suite de maisons de banlieue et de commerces. Au café Nanking, la grande avenue nous mène en direction du centre-ville de Sherbrooke.

— Je te remercie de venir faire les emplettes avec moi. Tu es extraordinaire. Si je ne t'avais pas…

Elle rougit. Pudeur, humilité acquise ou innée, elle repousse spontanément les compliments, comme si elle craignait qu'ils ne s'attardent, et les tourne plutôt à l'avantage de l'autre…

— Oh, tu sais, avec toi c'est facile, tu as une telle simplicité !

— … mais je suis si désorganisée !

Pour seule réplique, son regard bleu porteur d'une tendresse universelle. Anne-Marie, le centre, le point focal, la mesure d'équilibre de notre petite cellule humaine. À la fois la plus simple et la plus cultivée d'entre nous, Anne-Marie est notre cuisinière. Âgée de cinquante ans, elle confirme la règle dans cet Institut composé très majoritairement de jeunes femmes.

Son parcours est original. Plus de dix ans dans un cloître, quitté pour des raisons de santé. Puis elle est entrée dans ce cadre séculier, aux antipodes de la vie monastique. Elle y a retrouvé l'essentiel : la suite de sa quête d'absolu. Sa nature ouverte et gaie s'allie bien à ce modèle de vie religieuse moderne, comme elle l'a bien servie au monastère — ce lieu n'étant point fait, à ce qu'on dit, pour les natures tristes et mélancoliques. Chaleur humaine, facilité d'expression la caractérisent et étonnent, venant d'une personne qui n'a entretenu, pendant aussi longtemps, que des dialogues silencieux avec Dieu.

Esprit curieux, rieuse et spontanée, il faut la voir, ses mèches rousses lui barrant le front, sortir un plat du four en chantonnant. Elle assume ces tâches ingrates sans jamais se plaindre. Ce qui ne l'empêche pas de commenter avec aplomb toute situation qui lui paraît injuste ou absurde. Nous l'admirons pour sa « jeunesse » et sa sérénité. « J'espère lui ressembler quand j'aurai son âge », avons-nous pensé chacune à notre tour.

— Tu t'imagines si je ne t'avais pas pour ma comptabilité ?

Son sourire un tantinet moqueur. Après avoir été témoin de mes batailles perdues avec les colonnes de chiffres allouées au crédit et au débit, elle s'est offerte spontanément à me remplacer dans ce pensum. Et comme si cela ne suffisait pas, Anne-Marie prend soin de mon âme ! « Toi, si tu veux, tu peux devenir une sainte ! » Une réflexion qui s'inspire davantage du contenu de nos conversations que de mes mérites réels. Chaque fois, pourtant, je reste deux ou trois minutes, perplexe, partagée entre l'attrait d'un projet aussi exaltant et la réalité... Puis, je vais à la pêche... « Tu le penses vraiment ? Tu penses vraiment que je le pourrais ? » Elle sourit et, le plus sérieusement du monde, réaffirme : « Je te le dis, tu pourrais être une sainte ! » Sous-entendant de la manière la plus délicate qui soit, le chemin qu'il me reste à parcourir !...

Une sainte ne s'impatiente pas. Je manque de patience avec mes élèves. Une sainte fait des miracles.

Or je n'ai pas réussi à comprendre cette jeune fille un peu sombre, nouvelle recrue dans notre équipe, qui m'a dit, un soir, au cours d'une promenade : « Je pars, cette vie n'est pas faite pour moi… » Une sainte aurait fait quelque chose. Je l'ai laissée partir sans rien tenter pour influencer sa décision. À dire vrai, je ne la voyais pas beaucoup, tout comme elle-même d'ailleurs, dans ce genre de vie. Depuis septembre, un ennui opaque, à couper au couteau, et une totale absence de motivation. Je pense qu'elle est partie convaincue qu'il faut être un peu dérangé pour ne vivre que d'eau fraîche, d'amour de Dieu et d'enseignement !

« Il aurait fallu partir plus tôt, dis-je. Nous sommes tombées en pleine heure de pointe ! » Anne-Marie se contente d'un coup d'œil par-dessus ses lunettes. Il n'y a rien à répondre.

L'autobus s'arrête pour faire monter des passagers. L'air froid s'infiltre sous nos jupes que couvre un simple manteau de drap. Son livre posé sur ses genoux, ma camarade rit toute seule.

— Ce livre est si drôle ?

— Non, ce n'est pas cela. Je pensais à cette scène, l'autre jour, dans la cuisine. Comme il est parti vite, monsieur le curé ! Rougissant, cherchant ses mots… Tellement pressé de partir.

Je ris à mon tour. Ce grand jeune homme brun, d'ailleurs assez beau, intimidé en présence des femmes et cela nous fournissait plus d'un motif d'amusement. L'une de nous avait dû dire quelque chose qui l'avait mis mal à l'aise.

Nous appréciions cependant la qualité de cet homme profond qui se dépensait auprès des jeunes, des humbles et des personnes démunies. C'est vers eux, qu'il retournait, aussitôt son ministère terminé.

L'évêché de Sherbrooke le « prêtait » à notre paroisse, qui n'en était pas véritablement une, plutôt une desserte. Tout comme notre église tenait davantage d'un pavillon attendrissant que d'un temple. Surmontée d'un clocher minuscule, on aurait dit une coque de bois plantée là, au carrefour des chemins, juste pour rappeler au passant que Dieu existe.

L'autobus nous dépose au bas de la rue King et, quelques heures plus tard, nous nous retrouvons, les bras chargés de paquets, dans le hall du terminus où circule en tous sens une foule bruyante et bigarrée. Des vapeurs d'alcool flottent dans l'air. Des mégots de cigarettes jonchent le sol. Dehors, les gens se pressent comme s'ils étaient aux trousses d'un Père Noël reparti trop tôt pour le pôle Nord. Anne-Marie semble fatiguée. Elle ne se plaindra pas.

« Nous allons prendre un taxi », dis-je. Elle acquiesce, soulagée. Il neige. Des milliers de petites étoiles éclatent sur les vitres de la voiture. Me revient alors cette chanson composée un samedi après-midi de décembre. Les fenêtres, ce jour-là, offraient un tableau des plus poétiques. Les enfants jouaient dehors, se lançant des boules de neige ; des gens entraient et sortaient du magasin général, personnages mythiques aux silhouettes estompées par un début de poudrerie. « Tombe, tombe, neige blanche, en tourbillonnant dans l'air... » Rythme à quatre temps, mélodie entraînante... Je l'ai chantée à mes élèves un matin. Gilbert, enfant espiègle à l'intelligence vive, qui parlait toujours avant qu'on l'y invite, m'a lancé, le regard pétillant : « Mademoiselle, ça va être un *hit* cette chanson ! » Un baume sur le cœur d'une institutrice ! Un *hit* ? Voilà qui ne me préoccupe pas beaucoup. Les *hits*, c'est pour les stars. Les stars c'est à Montréal. Les stars, tiens, c'est Jérôme et Jean Lapointe, Les Jérolas. Ils sont à la télé ; ils font des disques. Moi, j'enseigne. De plus, dans peu de temps je prononcerai mes vœux. L'événement aura lieu à Cap-de-la-Madeleine. On fera les choses en grand. Comme des épousailles.

Il tombe maintenant une neige lourde et continue. Des myriades de flocons fleurissent le ciel sombre. Nous sonnons. Aussitôt, l'aide nous arrive pour porter les provisions là-haut. La petite équipe est là, bien vivante, coopérative. C'est un soir comme tant d'autres, à cette différence près que les Fêtes sont déjà dans l'air. Dans quelques jours, les enfants vont sortir de l'école sans leur sac, emportant avec eux leurs rêves de cadeaux, tous plus merveilleux les uns que les autres…

Le dernier après-midi, vers cinq heures, je monterai le petit escalier qui mène à notre logement. Ça sentira la dinde et la tourtière. J'entendrai Anne-Marie fredonner de sa voix ténue une ancienne chansonnette. Isabelle, occupée à écrire sur un coin de table, lèvera la tête et joindra sa voix à la sienne, y ajoutant la tierce. Claire fera de la couture ou mettra de l'ordre dans une armoire. Lucie sera sans doute restée à travailler dans sa classe. Et le lendemain à midi, si le temps est clair, dans la fenêtre du balcon où l'on met le linge à sécher, le mont Orford dessinera sa silhouette sombre, repère lointain au bout des terres blanchies à perte de vue.

CHAPITRE 8

Venues nombreuses se préparer à prononcer leurs vœux, elles emplissent d'une gaieté communicative la Maison du Pèlerin du Cap-de-la-Madeleine, sobre établissement hôtelier peu fréquenté durant la basse saison et mis aujourd'hui à leur disposition.

Cette solide construction en briques, située à la limite des « terrains du Sanctuaire », respire, sur un côté, par une longue galerie aux extrémités en arcades. On peut y jouir de la vue du parc avec son petit lac rond autour duquel ont lieu, l'été, les populaires processions aux flambeaux. À travers les branches dénudées des arbres apparaît la chapelle historique qui confirme la vocation du lieu, tandis que l'on peut imaginer, au-delà du « pont des chapelets », la nappe liquide du fleuve empêtré dans les glaces, allongé comme une signature sous des pans de ciel anonyme.

Les vœux sont renouvelables chaque année, contrairement à ce qui se pratique dans les autres communautés religieuses — où il faut, en outre, pour en être relevé, une permission de Rome, souvent longue à venir, quand elle vient. Notre fondateur a voulu ainsi éviter à ses filles les déchirements inutiles, les sentiments de culpabilité, ou, pire, l'accommodation forcée à un genre de vie mal accepté. Formule nouvelle s'il en est, signe avant-coureur des changements qui s'annoncent dans la mentalité de l'Église.

Dès demain s'ouvre une période de silence, de réflexion et de prière. Vivre ces heures avec une ferveur décuplée. Me parer intérieurement, comme la fiancée des psaumes, avant de sceller officiellement le pacte d'amour déjà consenti l'été dernier.

Chaque candidate est entendue au cours d'un entretien. On veut s'assurer qu'elle soit bien consciente de la portée de son geste. Savoir qu'il faut trois aptitudes fondamentales pour vivre cette vocation, et on ne mâche pas les mots. Être capable de se passer d'un homme ou de la « chose » (dans le cas contraire, la voie du mariage est fortement encouragée) ; pouvoir vivre en groupe, ou, plus précisément, être en mesure d'y trouver son propre épanouissement ; enfin, connaître toutes les implications des renoncements exigés par les vœux.

En pratique, cela voudra dire, pour la « pauvreté », *demander* ce dont on a besoin, même les choses les plus élémentaires, parce que « rien ne nous appartient », rejoignant ainsi symboliquement le dénuement du pauvre. Pour l'« obéissance », considérer les jugements et les décisions de la personne en autorité comme étant l'expression de la volonté de Dieu. La « chasteté », quant à elle, exige la pureté du cœur et du corps. Il faudra sublimer les désirs de la chair, canaliser cette énergie dans le service, le dévouement et l'approfondissement de l'amour de Dieu. Réserver à Lui seul l'espace disponible dans son cœur.

Tout au long de ces journées, nous avons l'occasion de réfléchir sur l'objectif à atteindre, qui est d'acquérir une réelle disponibilité intérieure, afin de cheminer, à travers les actions quotidiennes, vers une véritable réalisation spirituelle. Le programme de toute une vie.

On dirait un matin de jour de l'An, ouaté, givré. Le ciel est clair, lisse et froid, avec du soleil en glaçons au bout des branches. Parents et amis ont pénétré dans la grande nef annexée au Sanctuaire, précédant les oblates qui marchent en une longue file bleue depuis la Maison du Pèlerin, repassant dans leur cœur les mots qui, tout à l'heure, vont changer le sens de leur existence. Car même si la vie les conduit un jour ailleurs, elles n'oublieront pas les paroles prononcées aujourd'hui.

L'enceinte vibre des sons du grand orgue et s'emplit de curieux, de fidèles et des familles des jeunes candidates à la profession. Dans les premières rangées, ces dernières sont partagées entre l'émotion liée à l'engagement et l'énervement ressenti avant une communication publique.

Les officiants pénètrent dans le chœur, prêtres, diacres, sous-diacres, précédés d'enfants de chœurs roses et frais qui s'avancent deux par deux dans leurs surplis immaculés, entourés de volutes d'encens. La musique s'élève jusqu'aux voûtes, disposant les âmes au grandiose. Puis les accords s'apaisent et glissent sous le chant choral qui dit l'intensité du don et la joie de l'union.

Deux sentiments s'opposent, se mêlent. Alors que, pour les jeunes filles, ce jour voit la réalisation d'un projet intime, d'un idéal exaltant, pour une partie de l'assistance, il s'agit d'une étrange fête d'adieu. Ce matin, c'est une fille, une sœur, une amie que l'on « perd », si perdre veut dire n'avoir plus d'emprise sur quelqu'un, ne plus pouvoir jouir de sa présence à sa guise, envisager les éloignements prolongés (chaque année plusieurs oblates s'exilent en pays étranger).

Des larmes se mêlent aux sourires émus lorsque commence l'homélie… « Chères oblates, vous connaissez le sens de votre engagement. Ces trois vœux, même si vous les renouvellerez annuellement, engagent toute votre vie, selon votre désir, en ce moment même. Le chemin ne sera pas toujours facile, il faudra compter sur la grâce de Dieu. » Puis, aux parents : « Nous vous félicitons pour votre courage, pour tout ce que vous avez fait pour vos filles depuis qu'elles sont nées… Et pour votre générosité puisque, ce matin, vous les confiez avec foi et amour au Créateur de qui nous avons tout reçu… »

Aucun membre de ma famille n'a pu venir pour assister à la cérémonie. Mais je pense à eux avec tendresse. Dans leur discrétion habituelle, je l'ai constaté au cours de ma dernière visite, ils ont semblé rassurés de ce qu'ils avaient sous les yeux : leur petite sœur ou leur fille allait, semble-t-il, épouser ce genre de vie si étonnant, et s'y épanouir — malgré tout ce qu'on aurait pu imaginer.

Je pense à ma mère, au sacrifice qu'elle a fait en me laissant partir, y ajoutant même des encouragements. L'oubli de soi et l'amour de Dieu, elle les a faits siens bien avant moi, sans avoir à prononcer de vœux. Je la sens en pensée avec moi, au milieu de cette foule moitié priante, moitié distraite par la solennité de l'événement.

« …Et que Jésus, que vous recevrez dans vos cœurs

soit la lumière de chacun de vos jours ! » conclut le prêtre devant une assistance remuée par l'exigeante beauté du discours. Combien étions-nous, à la communion ? Quarante, soixante, à prononcer, chacune notre tour et à voix haute, notre promesse ? Au moment de recevoir l'hostie, pas une ombre n'entachait ce pur sentiment de ne vivre que pour Dieu et par Lui !

Une sorte de bien-être contagieux imprègne le reste de la journée. Un bonheur aussi palpable et réel que ces mets de fête qui nous sont servis au repas de midi. Les visages rayonnent. Le moindre geste est don, gratuité. Tout semble possible en ce moment, alors que les rires, les exclamations, les silences radieux témoignent d'une exultation intérieure.

J'ai apporté ma guitare.

Dans la soirée, je chante pour l'équipe du Cap-de-la-Madeleine et les dizaines de filles venues d'ailleurs, mon bouquet de chansons toutes récentes. Avec timidité et appréhension d'abord, puis cédant bientôt au plaisir de chanter, et à l'émotion. Chaque texte, qu'il évoque le « Jeune homme riche » de l'Évangile, qu'il parle de la « moisson qui est abondante », de « Jésus pleurant sur Jérusalem », de Marie, ou qu'il chante avec candeur « Apôtre à vingt ans, ton cœur est fait pour convertir la terre… » touche un auditoire ouvert et sympathique.

Mes compagnes n'en reviennent pas d'entendre une des leurs chanter ce qu'elles-mêmes voudraient exprimer. Et cela, agréablement porté par la guitare, formulé en refrains mélodieux et entraînants. Comment ai-je pu, dans cette dernière chanson, composée au milieu des effluves de détergent, à l'heure de la vaisselle, trouver les mots pour dire l'exact sentiment qui les habite ?

Don total, deux mots pour résumer ta vie
Don total, deux mots de valeur infinie
Bien banal aux yeux des hommes qui l'oublient
Mais royal pour un Dieu qui a donné sa vie

Donner ton temps, ta vie, tes rêves
Et mettre l'égoïsme en grève
Voilà, mon âme, ton seul programme...

Peut-être avais-je voulu encadrer dans une musique ce à quoi je m'engageais ? Une fois mis en chansons, difficile d'oublier. Dans la vaste cuisine, au milieu des bruits de chaudrons et d'ustensiles qu'on essuie, qu'on range, on avait délaissé un instant savon et serviettes pour reprendre le refrain. Une scène qui se répétera souvent. Dans les maisons oblates, quand on donne un coup de main aux camarades cuisinières, les mouvements hâtifs et les déplacements sont entrecoupés d'anecdotes ou de chants. Parfois, l'une suggère la récitation d'un chapelet. Alors les *ave*, comme des couplets monocordes, relient les gestes aux pensées et accélèrent le travail.

Le séjour à la Maison du Pèlerin tire à sa fin. Une retraite d'hiver toute illuminée de la consécration officielle à Dieu, comme un sceau apposé sur la route choisie.

Il n'y en a pas beaucoup de ces temps forts dans la vie, où se rejoignent, se croisent et se fondent, comme sur un ordre invisible, les lignes du destin.

Encore vibrante des émotions des derniers jours, je me prépare à retourner à Sherbrooke sans savoir que des éléments se mettent en place, à mon insu, qui traceront une suite bien différente à ce qui était prévu au scénario.

CHAPITRE 9

« On voudrait profiter de votre séjour au Cap pour vous faire enregistrer un disque. »

Celui qui me parle fait penser à une sorte de Tintin à lunettes, vif et concentré, mais aux cheveux plus clairsemés et plus rebelles que le célèbre héros de Hergé. Une sorte de ferveur discrète éclaire toute sa personne.

Il affirme que ce qu'on a dit de moi et le peu qu'il a entendu — une mauvaise copie sur bande — a suffi pour le convaincre de faire au moins un essai.

C'est irréaliste. Je sais à peine jouer de la guitare et ma voix, éloignée de la chanson populaire, me semble manquer de tonus.

Le père Yvon Poirier, directeur du studio Radio-Marie du Cap-de-la-Madeleine, où sont produites des émissions religieuses diffusées à travers le pays, sourit, peu impressionné par mes réticences. Tandis qu'il expose ses arguments, j'examine le personnage. Il est jeune et ne connaît sûrement pas les excès de table : il est mince, filiforme ; une voix douce au discours précis et un tic, comme si son nez, à intervalles réguliers, voulait repousser les lunettes. Il a une façon sympathique d'être sûr de lui sans en remettre.

Le studio est situé au troisième étage du monastère des oblats. Je l'y retrouve, entouré à la console du rondelet et peu bavard frère Pomerleau et de madame Jacqueline Morin, de la radio de Trois-Rivières, toute « femme du monde » dans ses beaux habits. « Croyante engagée », elle collabore aux productions en tant que conseillère artistique.

Un peu inquiète, mais sans prendre l'expérience trop au sérieux, j'enfile les quatre chansons qui pourraient constituer un éventuel 45 tours. Tout va bien. Peu de reprises. De l'autre côté de la paroi vitrée, je perçois difficilement les expressions. Les têtes se penchent, on se consulte. Ils réécoutent.

… Une scène estudiantine à l'École normale de Ville-Marie. J'ai seize ans. Dans la grande salle d'études, ma voisine me tire par la manche :

— À quoi rêves-tu encore ?

Visiblement, je n'étais pas dans mes livres. Je lui souffle :

— Qu'est-ce que tu penses que je devrais faire : une sœur ou une chanteuse ?

Notre avenir est un sujet de conversation courant, car il commence très tôt. Les filles se marient, pour la plupart, deux ou trois ans après les études secondaires, quand ce n'est pas plus tôt. Ou elles entrent chez les sœurs, pour y être éducatrices, enseignantes ou infirmières. Passé vingt-quatre ans, tout au plus vingt-six, on est une « vieille fille ». Et ça, ce n'est pas un projet de carrière ! Quoiqu'il y ait de belles exceptions, comme ma voisine et amie d'enfance, Marguerite, une jolie fille très courtisée qui a largement pris son temps avant de troquer son indépendance contre le gâteau de noces.

Ma compagne d'étude rit, convaincue que je blague. Elle ne me voit pas plus coiffée d'une cornette que vêtue d'un pagne africain. Je n'ai pas le style. À cette époque, les sœurs sont encore enveloppées de jupons, la tête entourée de tissu et de voile. Certaines parlent pointu. On les perçoit souvent comme des êtres rigides, incapables de compromis.

Un tableau éminemment injuste qui exclut toutes ces personnes admirables, institutrices compétentes et dévouées — des êtres de cœur entièrement consacrés à leurs élèves. Pendant mes années de pensionnat, plusieurs entraient dans cette catégorie. Ainsi, mère Marie Fabiola, notre directrice de chant, expressive et chaleureuse, très loin du cliché de la femme frustrée par une vie sans homme, qui nous communiquait si bien son amour, que dis-je, sa passion pour la musique et l'art vocal ! Sans se désintéresser pour autant de notre salut… « Jacqueline, me dit-elle un jour, j'espère que vous utiliserez cette voix pour la plus grande gloire du Seigneur ! » Cependant, mes goûts éclectiques et mon engouement pour la musique populaire l'inquiétaient.

On ne fait pas une sœur avec une fille qui s'échappe en ville pour s'exciter avec des camarades au café de la place : vingt-cinq sous dans le *juke-box*, quelques pas de danse, fumer des cigarettes, inventer un moyen de rentrer sans éveiller les soupçons. Pas plus qu'avec la sportive qui ne pense qu'à être dehors ou qui regroupe son *fan club* autour du piano avec les derniers succès du *hit parade*, provoquant des poussées d'urticaire chez la sœur maîtresse des pensionnaires.

Et que dire des accès de fous rires avec l'irrésistible Diane, si douée pour la comédie ! De nos parodies inspirées d'une religieuse — notre souffre-douleur — ou illustrant les aspects loufoques de notre vie de pensionnaire ! Sans parler des escapades nocturnes avec une ou deux compagnes, insomniaques comme moi, sur les marches de l'« escalier de sauvetage »…

À part Claire, ma confidente, poète et musicienne, une fille dotée d'un pétillant sens de l'humour — elle se fera clarisse —, personne n'aurait pu déceler dans mon comportement des aptitudes quelconques pour la vie religieuse. Moi seule connais le revers de la médaille, cet autre « moi » qui, par moments, se tient un drôle de langage dans le silence de la chapelle de l'école.

Ce n'est pas la première fois que je fais à ma camarade le coup d'« une sœur ou une chanteuse ? » Comme si, lançant la question en boutade, je la délestais de son poids.

Étrange concoction du destin ou stratégie du « plan divin », voilà que l'interrogation existentielle et hybride de mes seize ans trouvait sa réponse en ce jour de février. Dans ce studio d'enregistrement, où l'on prend une pause et l'on m'invite à venir écouter à mon tour…

« Étonnant ! Très bien ! » déclare, tout rayonnant, le père Poirier. Madame Morin me fait un clin d'œil de victoire. Le frère Pomerleau esquisse un sourire, ce qui, dans son cas, équivaut à un applaudissement enthousiaste.

Je ne partage pas leur avis. La guitare, limitée à des accords fondamentaux, est plus que discrète… Heureusement. La voix ? Eh bien, je ne l'aime pas. Mais il appert que mon opinion n'a aucune importance.

— Nous avons là ce qu'il faut pour faire un disque ! conclut notre producteur. Frère Pomerleau, ce sera prêt quand ?

Je ne cherche pas à en savoir plus. À Saint-Charles-Garnier, il y a du monde et du travail qui m'attendent.

∽०∾

La butte qui limite la cour de l'école s'est transformée en glissoire. Au loin, un silo rouge fait tache sur les terres gelées, quadrillées par des clôtures édentées. Le ciel est bas, couleur d'acier. Demain, on aura encore de la neige.

Mon horaire est chargé. Mais la fatigue se dilue dans la transparence d'une eau qui me lave mentalement : je compose. Depuis ces premiers couplets et refrains au piano ou à la guitare, les sujets se multiplient, se superposent, se complètent ; chaque chanson en fait naître une autre.

Des nouvelles du père Poirier. Le 45 tours a démarré en trombe. Porté par le bouche à oreille, les émissions de Radio-Marie, les dépliants publicitaires. Il circule dans les milieux religieux et sociaux, les écoles, les paroisses. Diffusé dans tous les coins de la province et jusque dans l'Ouest canadien.

Déjà quelques lettres, des invitations. Je me limite à quelques discrètes représentations dans les environs : invitée spéciale à Magog dans le cadre d'une soirée-conférence, un bref tour de chant entre deux prestations de chorale à Granby, une première « apparition » à la télévision de Sherbrooke... Je ne pèse pas lourd dans mes souliers devant une Aline Desjardins avenante mais sceptique : n'y aurait-il pas là-dessous quelque tentative de propagande ? C'est à mille lieues de ce que je vis et ressens. Je le lui dis. Peut-on forcer l'inspiration ? On n'invente pas ces choses-là.

Après les vacances de Pâques, qui me mènent à Québec et à Trois-Rivières — entrevues dans les journaux, émissions radiophoniques —, la guitare réintègre son étui pour quelque temps.

Mes élèves travaillent bien. Mais suis-je suffisamment disponible pour comprendre cette grande fille distante en arrière de la classe, peu encline à partager ses réflexions ? C'est plus facile avec Yvon, qui transcende ses difficultés scolaires avec humour, en y ajoutant l'effort. Si la discipline est moins aisée qu'elle ne l'était à Saint-Valère, je n'en aime pas moins chacune de ces jeunes personnes en mutation, pleines de mystère, de reproches, parfois, mais aussi d'attendrissantes surprises. Des enfants qui ont déjà leur lot de misère avec leurs rêves incompris, leurs frustrations et cet imbroglio qu'est l'âge de tous les apprentissages.

Peu à peu, sans qu'on s'en aperçoive, la saison a glissé de l'hiver au printemps. Les derniers dégels ont laissé des trous dans les chemins et des tracés bizarres dans les champs. Les matins se font de plus en plus clairs. Le soir, après « le mois de Marie », les senteurs champêtres entrent par les fenêtres ouvertes de l'église, ainsi que les cris des enfants qui jouent à la balle même à la brunante ou jusqu'à ce que l'un d'entre eux crie qu'il ne la trouve plus.

Assise sur un de ces bancs lisses et durs de la petite église, disponible d'esprit, je regarde Isabelle faire son travail de sacristine. Elle souffle les bougies, plie une chasuble, range l'encensoir, replace la chaise du servant, retape les nappes de l'autel, revient s'agenouiller à l'avant. Je me demande comment prient les autres, de quoi sont faites les longues minutes de méditation de notre curé « prêté », sa tête logée dans ses mains comme dans une coupe de silence ? Que disent mes autres compagnes dans leurs dialogues avec Dieu ? Est-ce qu'Anne-Marie fait des demandes au Seigneur ? Je parierais que non. Elle doit sans cesse le remercier, telle que je la connais. De quoi sont faites les prières de ces enfants que l'on oblige à aller à la messe et à se confesser tous les premiers vendredis du mois ? Comment prie le père Parent ? Et notre brune directrice générale dont l'air si sévère est démenti par une voix étonnamment douce ? Chacun son intimité avec l'intangible !

Sur les longs étirements du printemps, les beaux soirs. Marcher dans le boisé qui fait la campagne derrière les maisons de ce qui n'est pas tout à fait un village. Des terres en friche y côtoient des bouquets d'arbres. Des fleurs minuscules y poussent en grappes. Paysage déroutant, paradoxal, avec des sentiers enchevêtrés de broussailles qui servent de cachettes aux amoureux.

Au-dessus des arbres, le soleil improvise des couchers glorieux. Isabelle et moi retrouvons cette oasis, un soir de juin. Nous réciterons notre troisième chapelet, celui pour lequel il nous manque toujours du temps, puis nous causerons, ou nous nous tairons, écoutant les trilles du dernier oiseau obstiné à retarder la fin du jour. On ne sait plus où on en est dans les dizaines d'*Ave*. J'interromps ma compagne...

> *... Quand j'entends les oiseaux chanter leurs refrains*
> *Annonçant que bientôt le jour prendra fin...*

— Retiens la mélodie, Isabelle, pendant que je cherche les mots...

> *Je m'unis à leurs voix*
> *Je laisse là mes peines*
> *Et comme eux, je ne crois*
> *Qu'à la paix souveraine...*

Nous reprenons les paroles. Je complète le refrain. On ajoute une harmonie. Au moment de rentrer, la chanson est terminée. La mélodie ne s'en ira plus...

> *Longeant le grand bois qui s'endort dans l'ombre*
> *Je rêve de Toi, Créateur de la pénombre*
> *Au-delà des sapins, le ciel entre en sommeil*
> *Pour laisser aux humains l'espoir d'un nouveau soleil.*

— *Paix du soir...* Crois-tu que ce sera un bon titre ?

Le père Parent est passé en vitesse, sans donner l'impression d'être pressé. Du grand art. Les perspectives pour la prochaine année sont abordées, il y a des postes à combler, des changements de personnel à effectuer ; chacune de nous se sent concernée. J'étais fatiguée de l'enseignement. L'année écoulée avait été ardue. J'espérais un changement. Allait-on me conseiller de poursuivre des études, me confier des responsabilités moins exigeantes ?

— Jacqueline, que dirais-tu de te consacrer uniquement à la chanson ?

Je ne m'attendais pas à cela. Je ne peux imaginer être assignée à un rôle aussi léger, voire insignifiant, que celui de faire de la musique !

— Vous voulez dire la chanson comme métier, comme profession ?

Je n'arrive pas à le croire.

— Tu as un don, des aptitudes particulières, poursuit le père Parent. Tu dois les mettre en valeur et en faire bénéficier les autres.

Et, à l'appui, de me rappeler la célèbre parabole des talents : la première personne enfouit les siens dans la terre, la deuxième et la troisième firent profiter ce qu'elles avaient reçu et il en résultera une récolte abondante.

Je m'en irais à Cap-de-la-Madeleine. C'est tout ce que je sus pour le moment. Comment cette nouvelle activité allait-elle être encadrée, se définir, s'organiser ? Comme toute question jugée inutile, elle ne se posait pas. Faire le saut dans l'inconnu étant chose normale dans cette institution.

Après son départ, je songeai à mon tour, à un autre passage de l'Évangile. Celui où Jésus promet de rendre au centuple ce qui lui est abandonné avec joie. J'avais cru renoncer à la musique en entrant chez les oblates, et voilà que j'étais chargée de l'agréable tâche d'écrire et de chanter ce qui me remplissait le cœur. Par les vœux, j'avais fait le sacrifice d'une dimension importante de l'affection humaine, or j'allais, de par ce métier privilégié, être entourée d'amour et d'attention bienveillante par un public de tous les âges.

Au lieu d'aller vers l'isolement, je communiquerais bientôt, avec des dizaines, des centaines, des milliers d'individus, par le vaste et mystérieux réseau des longueurs d'onde.

CHAPITRE 10

J'allais vivre près de deux ans à Cap-de-la-Madeleine, ville jumelle de Trois-Rivières, où la Vierge s'est manifestée à un petit frère en prière un certain mois de mars, au début du siècle.

Deux étés chauds et un hiver humide à faire la navette entre ce que l'on appelait la « Maison jaune » de la rue Notre-Dame, la maison centrale, la « Maison rouge » de la rue de la Madone, que l'on rejoignait par la cour arrière de la première, et la Maison du Pèlerin. Déménageant chaque fois ma garde-robe, ou ce qui en tenait lieu, mon gros missel, un ou deux livres de lecture spirituelle et mon inséparable carnet de méditation à couverture noire.

Me suivaient aussi ma guitare et un outil de travail emprunté à l'une ou l'autre de nos maisons : une enregistreuse lourde et vibrante, jamais de même marque, et que je ne savais jamais, d'une fois à l'autre, si elle allait fonctionner. C'était divertissant.

Si le Cap-de-la-Madeleine respirait le calme dans ses rues centenaires aux fenêtres naturelles sur l'eau, le site de pèlerinage connaissait, en haute saison, une activité intense, voire fébrile. On y évoluait dans une atmosphère de transit. Les touristes emplissaient les petites rues et les cafés, de nombreux pèlerins priaient seuls ou par groupes, tandis qu'une quantité mouvante d'oblates couraient entre deux services à rendre.

Dans ce décor hétéroclite, faisaient bon ménage le fleuve, les échafaudages de la future basilique, le sanctuaire historique enrobé de lierre, la maison des pères oblats, qui géraient le centre de prière et, plus loin, l'usine de papier : on aurait dit une montagne d'allumettes sorties de leur gigantesque boîte. Mais rien ne caractérisait aussi bien l'endroit que l'odeur âcre qui émanait de l'autre usine, la Wayagamack, certains jours, et asphyxiait toute la ville. Une blague courait… Des touristes américains arrivant sur les lieux avaient demandé : « *What is that odor ?* »

— « Les pères oblats ! », répondait une bonne âme unilingue, croyant que l'on s'informait de l'ordre auquel appartenaient les pères déambulant un peu partout.

Les pères bénissent, confessent, multiplient les messes, officient pour toutes les délégations de pèlerins. Vers le sanctuaire, affluent des malades, des handicapés, des scouts, des Chevaliers de Colomb, des Dames de Sainte-Anne, diverses associations et des milliers d'individus et de groupes du Canada, des États-Unis et même d'Europe.

Sur les bancs et dans les allées du parc, les pères reçoivent les confidences de gens venus poser là leur fardeau, demander conseil, se confier. Psychologues et thérapeutes de l'âme, ils ne comptent pas les heures et l'énergie consacrées à panser les plaies, à redonner courage.

La foule circule comme un sang toujours neuf. Que l'on soit priant ou simple voyageur, on ne repart jamais sans passer d'abord par la librairie mariale, qui regorge d'articles souvenirs, de la médaille au foulard imprimé d'une représentation de la Madone, en passant par une variété infinie de petites publications sur l'historique des lieux.

Les oblates travaillent au secrétariat, à la librairie et à diverses autres tâches reliées à l'hôtellerie. Elles s'occupent aussi du chant liturgique. Leur salaire sert à défrayer les coûts d'entretien et de fonctionnement de leurs modestes résidences de bois peint, où les planchers craquent et les murs entendent.

Dans la Maison jaune, ou maison centrale, résident les membres du Conseil général et les oblates préposées au secrétariat de l'institut, à l'organisation communautaire et au journal, une publication diffusée dans toutes les missions oblates à travers le monde. Au rez-de-chaussée, le bureau du père Parent jouxte une minuscule chambre où il dort, à ce qu'on dit, quatre heures par nuit, adossé à une pile d'oreillers, en raison de son cœur malade.

On trouve aussi dans la maison une chapelle et deux salles communes, dont l'une me rappelle celle où j'avais chanté l'*Ave Maria* un jour, à mon corps défendant. On y assiste à des conférences, au visionnement de courts métrages de l'ONF sur les marsouins, les papillons, les Rocheuses... ou de documentaires sur la vie de nos consœurs en pays de mission.

Au sous-sol se déploie tout l'arsenal des équipements nécessaires à l'entretien et à l'hygiène des individus. Objets chromés faisant contraste avec l'aspect vétuste des murs et des cloisons, machines à laver en nombre suffisant pour accommoder la clientèle oblate de tout le territoire. Au-dessus des tables rectangulaires, qu'on utilise pour plier draps et serviettes, les cordes à linge sous lesquelles on passe en baissant la tête. Le lieu, humide et ronronnant, a quelque chose d'apaisant. On apporte un livre. On récite son chapelet tout en travaillant. Il y a aussi les planches à repasser, les séchoirs à cheveux avec chaise et pied, comme chez le coiffeur... Cinq, au moins.

Pour l'été, on m'a assigné une chambre dans une maison louée, voisine de la « Maison rouge », dont la porte s'ouvre sur le trottoir, et la cour arrière sur le terrain de stationnement de dimensions olympiques, réservé aux touristes. Plutôt une chambre dortoir, puisque nous sommes au moins quatre à y dormir. À essayer de dormir... Car la nuit, le vrombissement des automobiles ébranlant la chaussée et les cris des « jeunesses » qui sortent des cafés nous accompagnent jusqu'aux petites heures... Rien ici n'est lié au confort ou à la beauté. Lits étroits à montures de fer, murs blafards, évier archaïque aux robinets grincheux avare d'eau chaude, plancher nu, matelas trop mous. Vue avec un esprit de « camping », elle devient sympathique. Y passer la nuit, et vitement aller travailler.

Mes compagnes envolées vers leurs occupations de la journée, je remplis l'espace vide et blanc de notes de guitare et de nouvelles ébauches de chansons. Un saut dans la grande cuisine de la « Maison rouge », à côté, où se trouve le réfectoire à l'usage de l'ensemble des résidentes. Café au lait avec sucre, des bouts de mélodie chantés à mes compagnes cuisinières qui s'arrêtent un moment, chantent avec moi… Certaines d'entre elles ont de fort jolies voix. Puis, je repars avec mon surplus d'adrénaline, terminer la nouvelle création.

Le soir, je l'interpréterai à quelques camarades, améliorant ici, une phrase, ajoutant là, un accord. Tout m'est prétexte à écrire. La vie a mille saisons, mille visages. Du soleil à la pluie, de la peine à la joie, le chant finit toujours par remonter à la Source, à dire l'espérance, à s'émouvoir de tendresse.

Dans le studio RM, je vais travailler seule, un après-midi… Dehors, le ciel joue une scène dramatique. L'orage, qui patientait depuis un moment, éclate soudain, tonne et mitraille tout ce qui vit avant de se métamorphoser en fines gouttelettes qui crépitent sur le pavé et les vitres des voitures stationnées. Dans ce tableau désert et ruisselant, d'un coup de pinceau, un arc-en-ciel ramène les couleurs, fait le beau. Les mauvais moments finissent toujours par passer, dit le refrain syncopé…

Mais le soleil reviendra bientôt
Avec son visage d'or, souriant dans sa splendeur
Oui, le soleil reviendra bientôt
Il viendra danser encore à l'entrée de nos cœurs

Le sous-sol de l'église de Mont-Laurier est rempli à pleine capacité. La publicité a annoncé la « jeune chanteuse oblate » au même programme que le père Parent, conférencier très en demande. Ce genre de soirée, entrecoupée de projection de diapositives, est encore populaire, malgré la place de plus en plus grande que prend la télévision dans la vie des gens.

De la coulisse, je risque un coup d'œil dans la salle...

Des jeunes gens, debout à l'arrière, sirotent des boissons gazeuses, froissent des sacs de chips, fument et bavardent pendant que parle le présentateur. J'ai la certitude qu'ils vont déguerpir (ce que je souhaite) ou chahuter au premier signe d'ennui.

Jusqu'à présent, je n'ai donné que de brèves prestations devant des auditoires restreints et acquis d'avance. Chanter pour un groupe de compagnes, pour les enfants d'une municipalité indienne ou pour des prisonniers que la vue d'une jeune femme bien en chair et dotée d'une jolie voix ne peut qu'enchanter est une chose, mais présenter mon répertoire plutôt spécial et très peu rodé devant un grand public en est une autre...

Commencer avec quelque chose d'entraînant afin d'établir le contact, m'étais-je dit. Contre toute logique, j'attaque avec la chanson la plus dérangeante : une conversation entre Jésus et un jeune homme gâté par la vie, à qui Il demande de tout abandonner pour le suivre... Le trac me submerge. Aurai-je le souffle nécessaire ? Je me ressaisis, entre dans le texte avec de plus en plus de conviction, le regard juste au-dessus de l'assistance, que je me suis résignée à perdre de toute façon...

Un silence inespéré me porte jusqu'à la fin. J'ouvre les yeux. Ils sont tous là, ceux du fond aussi, qui ont cessé de grignoter. Et ils applaudissent. Avec une frénésie telle que tout cela me semble irréel. Quelque chose d'étrange, de très inattendu s'est passé.

Je ferai souvent la même expérience : ces couplets, ces refrains, la voix, peut-être, à moins que ce soit le message, dans son authenticité et sa ferveur, font vibrer une corde, touchent une zone réceptive chez beaucoup de personnes.

Les commentaires enthousiastes qui me parviennent dans mon courrier, ceux adressés aux Éditions RM, le sourire du père Poirier, content de lui et de son flair, tout indique que je n'ai plus le choix, qu'il faut aller de l'avant.

— Jacqueline, il est urgent de vous montrer, de vous faire connaître, me dit ce dernier. Vous avez déjà du succès, c'est bien. Mais il faut mettre un visage sur ces chansons.

L'intérêt du père Poirier qui parle déjà d'un deuxième et d'un troisième disque, relève non seulement du plaisir de voir s'épanouir un talent, mais aussi de celui de diffuser quelque chose qui le touche et correspond à ce qui l'anime lui-même. On ne pouvait douter un instant de la flamme spirituelle qui l'habitait. Il aurait été l'imprésario idéal, sans ego, dépourvu de toute préoccupation pour sa propre image. Un cas d'espèce !

Le programme d'une première tournée de promotion est arrêté. Le Lac-Saint-Jean, Québec, le Bas-du-Fleuve… Nous irons jusqu'en Gaspésie en passant par la vallée de la Matépédia, avec un arrêt à Saint-Siméon, le lieu d'origine du père Poirier. Ratisser toutes les radios et stations de télévision qui se trouveront sur notre chemin.

Madame Morin nous accompagne à titre de conseillère artistique et pour des questions évidentes de convenance. Nous dormons là où il y a des oblates ou dans la famille du père Poirier, qui conduit sa Dodge noire. Assise à l'arrière, je le vois, dans le rétroviseur, avec son toupet désordonné qui opine au gré de la conversation.

Les animateurs m'abordent avec politesse. Ils ne savent pas trop à quelle sorte de sœur ils ont affaire. Un habillement laïc, des manières simples, des reparties sans détour... Ils manquent de points de repère. Dans les entrevues, la même question revient, sur un sujet qui les titille :

— Comment est-ce possible ? Une jeune et si jolie fille...

La réponse vient, instantanée. Et elle m'amuse :

— On ne donne pas des restes au Bon Dieu !

À cette époque, on gelait littéralement dans les studios de télévision. Dans celui de Matane, c'est doublement frigorifiée par le trac que je chante...

Sois pour les autres en souriant
Brin de gaieté qui oublie ses misères
Deviens apôtre à vingt ans...

La chanson fétiche du premier disque. Déjà fredonnée par des centaines de jeunes dans toute la province.

Au fond du studio, mes compagnons de voyage me font des signes encourageants...

Était-ce bien moi qui, quelques années plus tôt, ceinturée par la « poursuite » blanche, la silhouette magnifiée par les jeux de l'éclairage, s'exécutais devant cinq cents personnes attablées dans le cabaret le plus populaire de la métropole ?

Le concours d'amateurs du dimanche après-midi, lancé par Jean Simon dans tout le Québec, connaissait un succès phénoménal. Dans le rutilant Casa Loma s'entassait un public sobre et bien éveillé — contrairement à celui de la nuit — qui espérait assister « en direct » à la naissance d'une future vedette. Les concurrents interprétaient trois chansons, dont deux au moins devaient être en français, nouvelle politique tout à l'honneur de la boîte. Mon tour venu, je commence à chanter, sur une musique superbement orchestrée... *Un jour tu verras*, *Où sont-ils donc*, deux « chansons françaises de France ». Puis, les cuivres et les percussions s'élancent sur le rythme latin de Siboney qui séduit définitivement l'auditoire.

Le public indique le ou la gagnante par la densité de ses applaudissements. Un jury confirme le résultat. Quand je remonte sur scène au milieu des ovations, c'est l'euphorie. J'en oublie la folle fatigue des derniers jours : douze heures d'autobus entre Rouyn et l'appartement de la fiancée de mon frère, la douche glacée et le verre de lait avec cognac...

Le premier prix consiste en une semaine d'engagement dans ce prestigieux cabaret que rêvent de « faire » tous les chanteurs et chanteuses populaires. La chance inespérée de mettre un pied dans l'engrenage, de monter les échelons menant aux premières places... dans le « merveilleux monde du show-business ». Hélas dans quelques jours, c'est la rentrée scolaire et mon contrat d'enseignante est signé depuis juin... De retour à Rouyn, ma mère qui n'éprouve aucune impatience de voir sa fille de dix-huit ans entrer dans cet univers de danseuses du ventre, de magiciens et d'acrobates à demi-nus, d'artistes noctambules qui remplissent de leurs scandales les pages des journaux à potins, appréciera que je me contente de la satisfaction morale d'avoir gagné.

« Qu'est-ce que vous trouvez le plus difficile à suivre dans la règle de votre communauté ? »

— Pas communauté, institut séculier…

— Hum, oui…

— L'absence de critiques et de plaintes. Je veux dire m'habituer à épargner aux autres mes commentaires…

Rires.

Malgré l'humour, mes interviewers s'efforcent de garder une certaine distance, partagés entre la curiosité, le scepticisme et le respect que leur inspire cette jeune personne qui affirme ne vivre que pour et par le Seigneur.

CHAPITRE 11

Les journaux n'allaient pas tarder à s'intéresser à cette jeune fille pas comme les autres, qui chante en s'accompagnant à la guitare et dont les disques se vendent comme des petits pains chauds.

« Une missionnaire unique en son genre au Canada et probablement dans le monde entier » titre *Photo-Journal*, tandis que *La Patrie* montre la chanteuse décontractée, les manches de son chemisier relevées, dans une pose inspirée : « Une Bible, une guitare, un magnétophone, voilà tout ce qu'il lui faut pour créer ses nouvelles chansons. »

De longs reportages sur mon cheminement, mes projets de carrière, le genre de vie des oblates. Des commentaires sympathiques : « Cette jeune musicienne nous a frappés par sa simplicité naturelle et son sens de l'humour. »

On m'installe dans des contextes appropriés... Ici une Madone m'ouvre ses bras, tandis qu'un groupe d'oblates, en demi-cercle, m'écoutent chanter, admiratives. Là, on capte « sur le vif » une scène avec mon frère Jérôme, dans son studio, à Montréal : « Elle s'amuse à enregistrer avec lui une mélodie que vous n'entendrez jamais. »

On prend des notes (plus ou moins), on n'enregistre pas, ce qui permet une grande créativité... Il m'arriva de lire que je compte « me servir de cette popularité si jamais je quitte les oblates... » Ou que, si je renouvelle mes vœux chaque année, « c'est en attendant de me marier... » Sans parler de « mon secret désir de me joindre aux Jérolas » !

En quelques mois, les hebdomadaires et la plupart des grands journaux auront « couvert » la « religieuse, guitariste et chanteuse [...] qui chante partout la gloire de Dieu ».

Avec cette publicité et la popularité grandissante de mes chansons auprès des institutions d'enseignement gérées par des religieux et des religieuses, aussi bien dire que, à l'aube des années 1960, si quelqu'un ignorait encore l'existence de l'oblate chantante à la guitare, ou il était à l'extérieur du pays, ou il n'avait pas fréquenté la bonne école, ou il n'était carrément pas dans la bonne religion...

À la Maison du Pèlerin, mon gîte pour l'hiver, c'est à peine si je vois se succéder les ciels clairs et les ciels de grisaille au-dessus du parc.

Requise par les activités de ma nouvelle « mission » — engagements en province, voyages à Montréal pour de nouveaux enregistrements, écriture et composition musicale —, je me dois en outre de participer à la vie communautaire de la maison centrale. Fidèle aux réunions, à la prière, aux offices religieux, toujours prête à animer nos trop sages soirées...

On vante ma « belle simplicité », en m'enjoignant de la préserver. (C'est à se demander si j'ai d'autres qualités !) Disponible, je vogue, consentante, sur le moment présent. On a besoin d'une musique pour un texte particulier ? Cinq minutes au piano et voilà les mots qui chantent. Un visiteur, une visiteuse veut entendre mes récentes compositions ? Peu importe l'heure ou le moment, je me livre cœur et voix liés. Besoin d'une voix solo pour une célébration au Sanctuaire ou d'un chant pour accompagner, le soir, les pèlerins aux flambeaux ? Je suis là. On voudrait que je chante pour les petites sœurs cloîtrées, à sept heures du matin ? Cordes vocales nouées, l'esprit un peu embrouillé, je les regarde, ou plutôt les devine derrière la cloison grillagée, et pense au plaisir que cette visite leur procure. Je m'accorde avec cet amour. Tout est grâce.

Cette disponibilité ne fait pas de moi une exception. La plupart de mes camarades du quotidien font montre de ce même abandon joyeux si caractéristique des premières années de l'Institut des oblates. Un état d'esprit qui rejoint le mien et, inversement, l'alimente. Au temps des Fêtes, lorsque Thérèse, Gaby, Margo, travailleuses à l'entretien et aux cuisines de la Maison du Pèlerin, prêtent leurs belles voix de soprano à un disque de Noël, le plaisir, autour du piano, n'a d'égale que la complicité journalière à vivre notre mystique.

Un jour de février, en même temps que de nombreuses compagnes, je renouvelle mes vœux. Aucune hésitation, aucun doute sur le chemin choisi depuis cet instant décisif qui m'a saisie tout entière dans une chapelle, à Sherbrooke, un soir du mois d'août.

Une ardeur qui ne semble pas près de s'affadir. Elle m'avait inspiré une chanson si pressante que je n'avais même pas enlevé mes bigoudis — j'étais à me coiffer — pour m'empresser d'enregistrer, avant de les oublier, les mots et la musique. Une nécessité. Lui dire combien je sens Sa présence. Combien je suis sûre de Sa fidélité :

Même si mon œil ne Te voit pas
Même si ma main ne touche pas
Oui, je T'aime et comprends Tes mots
Et Ta lumière rassure mes pas
Je crois en toi caché en moi...

Quelques couplets peignant les ombres et la lumière du chemin. Un arrêt sur la souffrance...

Ils sauront bien Te voir
Ceux qui n'ont plus d'espoir
Un jour ils iront Te chercher
Et seront rassasiés du pain de Ta bonté...

Cet état d'âme libre, détaché des attentes et des calculs, ouvert à tout ce qu'Il propose, s'écrira dans beaucoup d'autres chansons, sur l'inspiration du moment, au beau milieu d'une journée ordinaire qui soudain ne l'est plus.

Qu'y avait-il de si inspirant en faisant les cent pas derrière le collège d'Edmunston, au Nouveau-Brunswick, pour que me vienne le goût de chanter *Merci* ? Pour le vent, pour un oiseau, pour le jour, pour l'amour, « Maître du monde, merci ! » Quel charme pouvais-je trouver à cette petite chambre aseptisée du séminaire de Mont-Laurier, où j'avais été invitée, après un concert dans la région, par les oblates qui y travaillaient ? Assise devant l'étroit bureau, le crayon se hâte d'aligner les rimes, la guitare soutient de ses accords l'expression qui éclate : « Qu'il fait bon d'être heureux, de sourire et d'aimer ! Vive la vie ! Semez la joie ! » La chanson titre d'un troisième 45 tours. Avec sa mélodie enlevante et le croisement de ses lignes harmoniques, elle connaîtra un succès instantané.

Si les radios ne font pas tourner mes chansons — des thèmes qui, de toute évidence, ne cadrent pas avec leur programmation —, les petits disques, eux, circulent d'est en ouest du Canada francophone, se vendent, s'échangent — on n'était pas encore équipé pour copier —, connaissent une étonnante diffusion.

En Nouvelle-Angleterre, je chante pour les Franco-Américains de Manville, de Lowell, de Manchester. Passage à la télévision, une presse locale sympathique. Mes hôtesses, les oblates américaines, me semblent plus « libérées » que nous. Elles portent du rouge à lèvres, des vêtements de couleur, toutes choses pour le moment impensables chez les « Canadiennes ». Les autorités doivent s'adapter aux coutumes et aux mentalités de chaque pays. Ainsi, dans le cas des compagnes françaises qui nous ont visitées, il était amusant de constater que leurs commentaires devenaient, dans leur bouche, tout au plus de pertinentes observations… On avait, je crois, baissé pavillon devant l'évidence : impossible d'empêcher un Français de critiquer !

L'été ramène les touristes, les odeurs, la chaleur suintante et les allées et venues de centaines d'oblates de passage. Nos résidences débordent. Il faut désengorger les lieux.

Des mécènes, admirateurs de notre fondateur et de son œuvre, disposent, sur ce chapitre, de solutions généreuses pour aider notre Institut, qui est pauvre. Il y a toujours une place quelque part pour héberger temporairement des « petites oblates du père Parent » : une résidence secondaire, un chalet d'été...

Avec deux compagnes faisant partie, comme moi, de la faction la plus « mobile », je me retrouve dans un vieux chalet, au bord du fleuve frangé d'herbes folles. Nous sommes à Sainte-Marthe-du-Cap-de-la-Madeleine et ça me donne une idée : quelqu'un à aller visiter à deux pas de là...

Trois robustes érables montent la garde devant la maison. Quand j'étais petite, nous nous arrêtions ici à chacun de nos voyages « par-en-bas ». Ma cousine, Marie-Paule, et son époux, Jean-Marie Leclerc, le frère de Félix, m'accueillent avec la même chaleur qu'autrefois. « Restez donc un peu ! On vous garde à souper, et pourquoi pas à coucher. On fera de la place ! » Après avoir échangé des nouvelles de la famille, on fait place à la musique. Les guitares, les violons, le piano. Les voix de Simon et de Yolande. Le même timbre chaud et riche que celle de l'oncle poète dont on parle peu. Discrétion. Ma cousine me dit que, après avoir écouté mes premiers 45 tours, Félix a conclu : « Beaucoup de talent, une voix d'ange. Dommage qu'elle chante des chansons de sœur ! » Je retiens la « voix d'ange ».

À Saint-Jacques-des-Piles, au cœur de la Mauricie, une grande maison blanche, ceinturée d'une galerie vitrée succède au chalet. Mes compagnes sont infirmières, enseignantes ou étudiantes. Repos, recueillement et détente. La messe du matin à un kilomètre de

dix-sept ans, je viens de gagner le premier prix du grand concours régional
Radio-Nord ».

La chanteuse est d'abord institutrice... avec des élèves presque aussi grands qu'elle !

Premier concert comme oblate (1959-1960). Je chante mes propres compositions devant un auditoire « religieusement » attentif.

Sur la scène du Gesù en 1963.

Photo reproduite en couverture du disque « Semez la joie ».

Aucune fête, aucun anniversaire sans ma guitare et quelques chansons.
Derrière l'abbé, Germaine, souriante.

Chez les cousins Leclerc, à Sainte-Marthe du Cap-de-la-Madeleine (été 1960).

Époque des boîtes à chansons. Des notes d'humour et de satire sociale teintent mes nouvelles chansons.

équipe de la rue Lévis en 1962. Au premier plan, Margot, Marianne à la guitare Annette.

Des retrouvailles avec le père Louis-Marie Parent en mars 1993, à l'occasion du 15ᵉ anniversaire du Service de diffusion catholique de Montréal.

« La mémoire des boîtes à chansons », spectacle du 22 mai 1996 au Spectrum d
Montréal.

marche, la rosée sur nos souliers. Quelques sets dans le court de tennis attenant à la propriété, dans la chaleur de nos jupes épaisses... Chacune a ses occupations de vacances, qui de la lecture, qui des travaux de couture, de cuisine, d'étude ou de chanson...

Un après-midi, je vais marcher seule en bordure de la route qui conduit à La Tuque. L'accotement est étroit. Entre deux passages de voitures, je reprends le pas au milieu du chemin. À ma gauche, la rivière Saint-Maurice charrie la « pitoune », courant inlassablement vers le Saint-Laurent qui, plus loin, l'accueille à pleins bras. Au-dessus de ma tête, un ciel complètement lavé, bleu comme une mer vue de loin par un jour sans vent. Les arbustes agrippés aux talus, émettent des sons de cigales, de taons, de frémissements de toutes sortes. Je me fonds au paysage, en harmonie avec l'univers vibrant qui m'entoure. Encore une fois dire ma reconnaissance. Et chanter, chanter...

Sur la route claire
Je m'en vais fredonnant ma joie
Une gaie rivière
En riant me suit pas à pas
Le feuillage, les montagnes et le soleil
Sont en fête, pour célébrer le ciel...

[...]

Que je voudrais passer ainsi ma vie
Marchant toujours, marchant vers l'Infini
Comme lumière Sa grâce me suffit
Plus qu'un soleil, Son éclat m'éblouit...

Qu'est-ce qui rend si heureux ? Un jour, on a posé la question à Rose Ouellet, cette artiste de variétés admirée pour son énergie et sa joie de vivre. « Le bonheur, avait-elle répondu, c'est de savoir ce que l'on veut dans la vie ! »

Je savais vers quoi je marchais et mon but ne manquait ni d'intérêt ni d'envergure, tendant à rien de moins qu'à l'union avec l'Être suprême. Mes joies comme mes peines, chacun de mes mouvements, chacune de mes respirations se rattachaient à cet objectif unique.

Il y aurait eu des orages, du tonnerre et des éclairs de chaque côté du chemin que cela n'aurait rien changé. Ou plutôt si, cela aurait changé quelque chose, car j'ai très peur des orages : je serais rentrée à la course, et, trempée, devant un café chaud, dans l'intimité d'une pièce, j'aurais écrit, dans un seul souffle, la suite de la chanson, à la lumière de la même clarté qui me venait de l'intérieur.

CHAPITRE 12

Lâcher le désir et tout vient. Ce qui suit est une de ces perles de la vie qui nous prouve qu'elle a tout en réserve et qu'il ne faut s'étonner de rien.

« Ton oncle de Maniwaki est venu te voir », m'avait annoncé une compagne en me croisant dans la rue, après m'avoir cherchée à la Maison rouge alors que je me trouvais à la Maison centrale, et dans cette dernière, quand j'étais déjà dans celle de la rue de la Madone...

— Tu veux dire ma tante Cécile ?

— Euh... ta tante, ton oncle, enfin... tous les deux. Ils sont de passage au Cap et ils t'attendent pour dîner à la Maison du Pèlerin, si tu es libre...

Si je suis libre ! Dans notre famille, la seule évocation du nom de Théophile et de Cécile faisait surgir le souvenir d'étapes de voyage pleines de gaieté, dans leur grande demeure en pierres des champs de Sainte-Angèle-de-Laval. Là, grouillaient des cousins, des cousines se suivant par paliers d'âge. Les garçons, inventifs et joueurs de tours comme leur père ; les filles, le regard allumé et brillant comme la sœur de maman. « Dix-sept enfants, dont quinze vivants ! » Quand on avait dit cela, on pensait avoir tout dit, avoir résumé toute leur vie. Pourtant, le succès matériel de cette famille s'était construit sur des débuts extrêmement difficiles, de durs défis éclairés en filigrane par une foi qui a guidé leur courage comme le phare, au bout de leur terre, éclairait le fleuve les soirs sans lune.

La salle à manger est encore déserte. Nous sommes les premiers attablés.

— On a failli te manquer, me dit ma tante d'entrée de jeu. Nous devions retourner tout de suite après la réunion d'affaires de Théophile, mais l'issue de cette rencontre a changé notre programme...

Elle affiche un sourire sibyllin.

Son mari me fait part d'une invitation à partir pendant près d'un mois en Europe en leur compagnie. Il s'agit d'un voyage organisé — j'apprendrai bientôt à quel point le qualificatif est adéquat —, de nature à la fois religieuse et touristique, ayant comme but ultime la participation au Congrès mondial eucharistique de Munich, en Allemagne.

— J'ai fait un saut au Sanctuaire avant ma réunion, poursuit-il. Et j'ai dit à la Sainte Vierge que si j'obtenais le contrat négocié ce matin, je ferais un don d'importance à la première personne que je rencontrerais... Cécile et moi sommes très touchés par tes chansons. Pouvons-nous faire un meilleur choix ?

Il tire une bouffée de sa cigarette. Sa femme attaque le potage. Moi, je n'ai plus faim.

— Évidemment, tu n'aurais rien à débourser, ajoute-t-il.

Je reste bouche bée, partagée entre la joie d'une telle perspective et son extravagance, qui risque de se heurter à un refus de la part des autorités.

Deux semaines plus tard, j'entreprenais avec eux ma première traversée transatlantique. On n'avait toutefois pas voulu me laisser partir sans « chaperon », même avec une trentaine de laïcs, eussent-ils été pèlerins ! C'est Anne-Marie, ma chère Anne-Marie, vu son âge respectable et « l'argent de la famille », lui permettant de défrayer le coût de son billet, qui remplit cette fonction avec une joie non dissimulée.

Notre guide, le frère de mon oncle, une nature plutôt enthousiaste, trouva tout naturel de me demander d'apporter ma guitare. Ma disponibilité fut donc au rendez-vous : en autocar, en avion, pour donner la note, égayer une route de province ou une attente prolongée dans un hall d'hôtel.

J'ignore comment on pouvait inscrire au programme autant de villes, de villages, de sanctuaires, de théâtres, de spectacles sacrés et profanes — flamenco, opéra —, de musées et de cathédrales en un peu moins de quatre semaines ! Impressionnée dans les hauteurs enneigées des Alpes, à La Salette, lieu de pèlerinage très « zen », émue à Lourdes, dans les Pyrénées, je suis avide d'Histoire, en France, en Espagne, en Italie... À Rome, aux premiers rangs d'une foule d'Américains sifflant comme au baseball, je sors mon appareil... (J'ai toujours cette photo jaunie du pape Jean XXIII quelque part dans mes albums.) Toutes les gammes d'émotions. Les fleurs et les moulins à vent de Hollande. Les paysages en dentelles de la Suisse. À Munich, après une visite recueillie au camp de concentration de Dachau, je me perds dans une mer de pèlerins.

À Paris, le groupe s'offrait quelques sorties très « culturelles » dont les Folies Bergères, tandis qu'Anne-Marie choisissait de se reposer. J'en profitai pour me rendre en train chez les oblates, dans les environs de Nancy. Le soir du 14 juillet, au lieu d'arpenter les Champs-Élysées sous les lampions et dans les crépitements de la fête, je marchais avec elles sur une route de campagne, imaginant Jeanne d'Arc guerroyant dans la région. Je renouais avec des racines enfouies loin au fond de moi, profondément françaises.

Nous avons bouclé notre voyage et, pour la dernière fois, nos valises, à Londres où, en vingt-quatre heures, on trouva le moyen de visiter l'abbaye de Westminster, de jeter un coup d'œil à la Tour de Londres, d'assister à la relève de la garde, à un office anglican et de goûter au légendaire brouillard, à neuf heures du soir. Le lendemain, après tant de petits déjeuners légers et sucrés, les familiers œufs au bacon annonçaient le retour. Nous rentrâmes au pays contents et rassasiés, avec l'impression d'avoir vu l'Europe au grand complet !

Étonnamment, j'avais trouvé le moyen d'écrire ma méditation chaque jour, avec lieu et date en tête. Étrange reliquat d'un voyage inoubliable.

∽∞∽

En cet été de l'année 1960, qui pouvait prédire l'impact, le rôle charnière, dans notre destinée politique et sociale, de la décennie qui s'amorçait et qui allait transformer la personnalité du peuple canadien-français ? Si on avait su, on aurait abordé, tremblant ou euphorique, sceptique ou enthousiaste, cette période rebondissante de revers, de bouleversements, de sauts culturels, de bourrasques libératrices, de suites ininterrompues d'éveils et d'errements.

Il y avait sûrement des indices. Comme s'annonce un printemps. Pousses vert tendre, tiges rousses, herbes jaunies courbées sous le poids de la dernière neige, torrents débordant de sources hier si timides, champs inondés, ruisseaux qui gazouillent en se frayant de nouveaux chemins, oiseaux chantant leur territoire, grands vents et brises de toutes provenances, sournoises parfois, « en avril ne te découvre d'un fil », ou douces et bonnes sur la peau, promesses de chaleur et de liberté.

Comme le placenta vient avec le nouveau-né, la Révolution tranquille allait se réaliser dans le rejet d'eaux désormais jugées inutiles, d'enveloppes trop protectrices, encombrantes. On espère que l'enfant qui arrive fera mieux que ses prédécesseurs, qu'il sera exempté des fautes commises par ceux qui l'ont enfanté, qu'il nous rendra notre fierté, qu'il saura, lui, comment réussir, comment être heureux, qu'il pourra enfin changer le monde.

« Jacqueline, vous devriez lire les journaux, vous intéresser davantage à l'actualité, à ce qui se passe dans la société ! insiste le père Poirier. Cela enrichira votre bagage, vous permettra de vous former une opinion sur les événements, les idées de l'heure. Vous avez cette responsabilité puisque vous écrivez. »

Jusque-là, je m'étais tenue en effet bien loin des réalités politiques. Aidée en cela, il faut dire, par la minceur de nos lectures. Notre seule fenêtre sur le monde : *Le Nouvelliste* de Trois-Rivières. Il en allait autrement chez les hommes d'Église, à en juger par les journaux et les revues que l'on trouvait dans le vestibule de certaines de leurs maisons, où figuraient, aux côtés des annales de Sainte-Anne et de Notre-Dame du Cap, *Le Devoir*, la revue *Relations* des jésuites, les magazines *Maintenant* et *Maclean's*.

Par ailleurs, je n'éprouvais nul besoin de croire à des projets de société, puisque la solution, à mes yeux, ne pouvait se trouver dans l'univers temporel. Tout le drame humain, depuis des millénaires, ne prouvait-il pas que l'homme ne fait que tourner en rond autour des mêmes questions, sans aller voir si une autre dimension ne pouvait lui apporter une liberté définitive ? Qui le dégagerait du joug de son égocentrisme, de son instinct de possession, de son avidité, de son désir de prendre, de dominer, de ne viser toujours que le bénéfice immédiat ? Toute son existence vouée à l'« avoir » plutôt qu'à l'« être » ?

Mais mon imprésario « sans ego » a raison. J'ai le devoir d'être attentive au théâtre de la société, aux rôles qu'on y joue. M'ouvrir à ses attentes, à ses souffrances, à ses contradictions même, et en être touchée, voire dérangée. Sortir de ma sérénité protégée. Cela comporte des risques. Est-ce qu'il y pense ?

Le hasard nous place parfois, avec ironie, dans un étonnant synchronisme avec les événements. Un an exactement auparavant, alors que je faisais une course en ville, je m'étais trouvée encerclée par une foule de gens débordant des trottoirs jusque dans la rue. J'étais tombée au milieu des adieux du peuple à Maurice Duplessis !

La masse anonyme et curieuse me pressait de toutes parts, dans un silence recueilli, en accord avec la solennité du cortège. J'étais portée par la vague, tandis que la voix de bronze des clochers de la cathédrale tonnait sur toute la ville. « L'homme d'État le plus pittoresque de toute notre histoire politique... » était mort. « Ces funérailles, devait-on lire le lendemain dans la presse, sont les plus grandioses qu'un homme d'État canadien ait connues. »

Ainsi, j'ai été témoin de l'ultime événement politique de l'heure, moi qui n'en avais cure, j'avais participé, malgré moi, à la dernière scène, voire à la tombée du rideau sur l'époque dite de « la grande noirceur » !

DEUXIÈME PARTIE

... l'éditeur des *Insolences du Frère Untel* prévoyait un tirage de 20 000 exemplaires du livre. Cinq mois après la publication, le livre en est à son centième mille. Proportionnellement, au Canada anglais, cela ferait un tirage de plus de 200 000 exemplaires et aux États-Unis de plus de 3 millions d'exemplaires. Le sujet de l'ouvrage : l'échec de notre système d'enseignement [*sic*]. L'auteur : un frère enseignant, fils d'un bûcheron-draveur du Lac-Saint-Jean.

Maclean's, mars 1961

CHAPITRE 13

Aujourd'hui, je suis en avance, je laisse passer l'autobus. Le chemin Sainte-Foy baigne dans la lumière du midi. Sur ma gauche, la basse-ville s'étend de tout son long au pied des Laurentides, qui font rêver à un arrière-pays mythique.

On aurait pu m'envoyer à Montréal. Sans doute a-t-on jugé qu'à qualité égale dans le perfectionnement technique, Québec présentait moins de danger que la métropole, réputée pour perdre les âmes innocentes, et artistes de surcroît, qui s'y aventurent.

Nous avons pourtant des oblates à Montréal, sur la rue Saint-Hubert. Un pied-à-terre dans la grande ville, qui me deviendra de plus en plus familier. Une sorte de carrefour où se croisent visiteuses, étudiantes, stagiaires et voyageuses en transit. Celles qui fréquentent l'université y résident toute l'année.

Ces dernières, au contact de leurs professeurs laïques et de leurs camarades, ne manquaient rien des forums et des discussions sur l'évolution de la société. Elles font état de leur inquiétude face à l'action subversive du MLF, « Mouvement laïque de langue française », dont elles craignent les visées « communistes ».

« On prédit que toute trace de religion sera effacée de nos écoles d'ici peu », s'était attristée, un soir, une compagne, en fermant la radio sur le dernier mot du cardinal Léger. La voix du prélat, éloquente même dans la monotonie du chapelet, continuait de résonner dans la grande cuisine, lieu de maintes discussions.

Quelqu'une avait souligné l'étrangeté du lien entre langue et laïcisation « puisque, disait-elle, le clergé, comme tout le monde sait, fut justement le gardien de cette langue ». Le sujet reviendra souvent, illustrant les préoccupations de plusieurs face à la montée d'une pensée de gauche militante.

À la résidence de Montréal, les informations, les idées, les expériences des unes et des autres nourrissent les conversations. Des jeunes filles laïques y séjournent parfois, le temps d'étudier la mystique oblate, de tâter le terrain afin de voir si cette voie leur convient.

À l'occasion, des invités et des amis de l'Institut se réunissent autour de la table. J'y retrouve, un jour, le petit père oblat, André Bilodeau, qui m'avait guidée à Rouyn, toujours aussi ardent, aussi concentré sur l'unique but de sa vie : « Aimer et faire aimer le bon Dieu », comme il disait. Il décrit avec enthousiasme, visiblement impressionné — c'est un peu son œuvre — mon incroyable « épanouissement ». Combien je suis devenue radieuse, rayonnante. Je restai perplexe pendant quelques secondes. Quel air avais-je donc alors, me dis-je ? Semblais-je à ce point perdue ?

Encore quelques pâtés de maison avant de pénétrer dans l'univers feutré et accueillant de mademoiselle

Poitras, professeure de chant très appréciée ici, dans la vieille capitale, et dont la personnalité et la formation sont empreintes de culture européenne et de grande musique.

En peu de temps, des progrès encourageants. Ma voix s'affermit, j'attaque mieux les consonnes ; les voyelles travaillées dans les pièces classiques italiennes projettent un son plus arrondi, plus pur, soutenu par une respiration exercée. J'espère qu'aujourd'hui encore la charmante dame sera indulgente, car j'ai négligé mes vocalises. Il y a toujours des concerts, des rencontres — récitals et la préparation, avec des musiciens, cette fois, des chansons du disque *Route claire*. Sans compter qu'il faut aussi du temps pour pratiquer les leçons de guitare que je prends d'un musicien hors-pair, un maître, Johan Van Veen.

Chaque fois, je passe la porte Saint-Louis, pleine de confiance, bien disposée. En arrivant chez lui, ses enfants sont les premiers à me saluer, au bas de l'escalier. Des gamins tout en blondeur, comme lui-même et son épouse. Quand nous entrons dans son studio, au rez-de-chaussée, ça devient sérieux.

« Vous êtes très "talentée" pour la guitare », me dit-il à l'issue de la première leçon, dans un français agréablement métissé de sonorités hollandaises. Dois-je lui confier que notre grande maison de bois, à Guérin, résonnait déjà du son de la guitare alors que j'étais encore toute petite ? Même si je ne pouvais utiliser celle de Jean-Claude, mon frère aîné, qu'avec une permission toujours bien pesée, je grattais déjà des mélodies d'un seul doigt. Plus tard, un peu paresseuse, je m'étais contentée des principaux accords de base.

Quel plaisir de découvrir les possibilités fines, brillantes ou veloutées de cet instrument, dans les pièces de Fernando Sor, de Lagoya, de Ségovia ! J'aime le piano, mais je n'en joue pas très bien, juste assez pour les besoins de la composition. Avec la guitare, quelque chose de latin en moi est sollicité, se révèle, répond à ma sensibilité particulière.

Mes compagnes de la rue Lévis apprécient sûrement que je ne rentre pas avec un accordéon, une flûte ou, pire, un violon. Discrète, la guitare plaît à tout le monde.

∽∾∽

Dans la petite équipe que nous formons depuis près de un an déjà, la « chimie » a tout de suite fonctionné. Marie-Anne, la plus jeune du groupe, étonnamment mûre pour ses dix-huit ans, a de l'esprit, celui qui étincelle, qui fuse, qui décape sans égratigner, qui vous arrache un rire fou comme des larmes, en ramenant toute situation à ses justes proportions. À son style bien personnel s'ajoute ce savoureux accent des Îles-de-la-Madeleine, qui met des chapeaux pointus sur les *i*, des coussinets sous les *d* et joue de charme avec des « an » à la française.

J'ai de la chance. Germaine, une riche sensibilité, une artiste dans l'âme et dans le geste, n'a rien à lui envier au chapitre de l'esprit. Ce sera plus drôle encore lorsque Annette se joindra à nous. Douée pour la démystification, aucun artifice ne lui résiste. Le cœur à la bonne place, spontanée, née pour la vie d'équipe, on la croirait sortie tout droit des camps de guides. Ne

144

manquent que le foulard, le sac en bandoulière, l'équipement tout prêt pour le feu de camp.

Annette carbure aux taquineries. Si elle ne se prive pas d'observations fléchées — mais jamais empoisonnées — sur les autres, elle sait rire également d'elle-même et ne se prend pas au sérieux. Sa maigreur lui complique parfois la vie. Ce qu'elle illustre bien en parlant des bas de nylon dotés d'une ligne en arrière, une mode qui tend à disparaître. Elle les exècre, et pour cause ! « La barre tourne et s'en vient en avant ! » déplore-t-elle en riant. Annette s'en accomode à sa façon : « Gardons-les, le temps que ça va prendre pour qu'on ait le droit de porter les autres, ils seront revenus à la mode ! »

Tout comme Cécile et Blanche, ma patiente « psy » de Sherbrooke, qui vont alterner dans le rôle de directrices, mes nouvelles compagnes vivent avec simplicité et beaucoup de sincérité leur statut de femmes « consacrées » au milieu du monde. La fidélité aux exercices religieux, l'esprit de serviabilité, l'objectif de paix et de joie à semer autour de soi, elles l'incarnent tout à fait. La morosité ne mettra pas un pied dans la maison. Et cela va durer tout le temps que nous habiterons le haut d'un triplex, dans la paroisse des Saints-Martyrs-Canadiens, à quelques rues du premier ministre Jean Lesage, que l'on voit à la messe, certains matins.

Je ne me souviens plus pour qui l'on votait. J'ai certainement dû cocher la case de celui qui, par conviction ou stratégie électorale, participait quotidiennement au même rite que nous. Voisines aussi, sans le savoir — « en bas, la porte à côté », a-t-il précisé — d'un jeune étudiant appelé à un grand avenir, s'il en est. Luc Plamondon se souvient de l'époque de « ma célébrité », m'apprendra-t-il, des années plus tard, mi-rieur, mi-sérieux, au milieu de l'étude d'un dossier sur le droit d'auteur, à la table d'un café d'Outremont.

— Ça te frustre, toi, de ne pas pouvoir lire *Les insolences* ?

C'est une question que j'ai dû poser un jour ou l'autre à Marianne. Sa réponse devait ressembler à ceci : « Puisqu'on nous interdit l'accès au bouquin, sur-veillons les journaux, on en passe des extraits. Mis bout à bout, on finira bien par avoir lu le livre ! » Et hop ! On ne refoule pas !

Notre directrice le regrette, mais il faut suivre la consigne. Comme il en va pour les livres mis à l'Index (une loi de l'Église interdisant la lecture d'ouvrages considérés dangereux). L'obéissance nous demande, pour l'instant, de nous abstenir. Faisons-le de bonne grâce ! »

Margot, notre cuisinière, n'éprouve quant à elle aucune curiosité pour les audaces littéraires du frère enseignant. Elle est toute à ses efforts d'adaptation pour s'intégrer à un ensemble de personnalités extraverties, elle qui ne l'est point. Avec elle, il faut, au jour le jour, ajuster paroles et attitudes, tenir compte de son extrême sensibilité. Trop tendre au fond de son être pour supporter les angles. Plus forte qu'elle ne le paraît, elle sera parmi les plus tenaces restées au port, lorsque les vagues arracheront, marées après marées, le plus gros des effectifs dans les institutions religieuses.

Si le frère Untel faisait œuvre utile en secouant les inerties, décriant les attitudes hypocrites, suscitant de nécessaires remises en question, faisant du neuf de tout bois, décriant les failles énormes du système d'éducation, il était, ironiquement, le précurseur de ceux qui vont rédiger le mémorable rapport Parent, géniteur de ces écoles-géantes-aveugles-compartimentées-et-anonymes que l'on appellera « polyvalentes ». Si décriées. L'histoire aussi a le sens de l'humour.

Nous n'en sommes pas à cette réflexion. Mais si nous n'avons pas lu le célèbre frère et ne dérogeons pas à l'interdit concernant certaines lectures, on n'en capte pas moins dans l'air les remous et les agitations d'un monde en mutation.

La promesse faite par le nouveau premier ministre d'administrer différemment l'État s'avère être plus qu'une simple formule opportuniste. Elle dépassera sans doute ce que lui-même a prévu. Tout se met en place pour un véritable chambardement des structures politiques, sociales et religieuses.

L'harmonie de notre petite cellule est bien conservée, le vent se lève sans nous effleurer. La tempête n'en est qu'à ses débuts, l'œil du cyclone est encore loin.

Sur le tourne-disque, dans le salon, Brel chante *Quand on n'a que l'amour*. Flamme ardente, prémices d'incendiaires fougues anti-bourgeoises. Félix nous entraîne dans l'imaginaire de *Tirelou* et de *La fille de l'île*, tandis que la Française Marie-Claire Pichaud livre d'une voix bien ciselée des textes profonds et touchants.

On connaît aussi plusieurs chansons du père Duval et du Québécois père Bernard, « troubadour du bon Dieu » qui parcourt les régions, guitare en bandoulière. Pendant ce temps, quelque part en Belgique, sœur

Sourire doit être en train d'écrire les premières lignes de *Dominique*, un succès qui fera le tour de la planète.

Les oblates ne fréquentent pas les cinémas, ne vont pas au théâtre. Mais à Québec, la vie culturelle bouillonne et les arts rayonnent de mille façons. Impossible de ne pas être rejointes par ce que proposent les affiches un peu partout dans la haute-ville.

Exceptionnellement, on m'accorde la permission d'assister au spectacle d'Yves Montand au Capitole. J'en sors bouleversée. Les artistes-interprètes de sa trempe utilisent la scène comme un véritable lieu théâtral. Un pur plaisir esthétique. Et cette voix !

Je ne pourrais cependant pas envisager de tenter une pointe du côté de la Porte Saint-Jean, un cabaret que les Jérolas remplissent soir après soir. Ni de monter au-dessus, à la Boîte aux chansons, où les amateurs de poésie se délectent des mots et des chansons de Marie Savard et du professeur Gilles Vigneault...

Salles obscures qu'il n'est pas question pour moi de fréquenter. J'ai d'autres points de chute. Mes auditoires aussi sont bien différents. Les endroits sont bien éclairés ; on ne donne pas dans le débit de boisson. Parfois, le contexte vaut à lui seul l'anecdote. On mêle les genres. Un jour, insérée entre une chorale et une fanfare... et on y va avec les instruments à vent et les tambours, ne manquent que les majorettes. Un autre, je précède ou suit un conférencier qui a peu en commun avec moi.

« Pittoresque » est un euphémisme pour décrire le personnage avec lequel je vais partager le spectacle dans une salle bondée, un samedi soir, à Lac-Mégantic. D'une stature aussi rassurante qu'un dossier criminel,

Pat Girard ex-prisonnier « converti » accumule les succès de foule comme un vrai saint Paul québécois. Dans la coulisse, près du fier-à-bras, une question me vient à l'esprit : et s'il allait tout à coup se déconvertir ?

J'y vais avec mes chansons entraînantes, ferventes ou joyeuses. Le cœur des gens est déjà ouvert. Un tour de chant de trente minutes et c'est gagné ! « Vous reviendrez l'an prochain ? » insiste l'organisatrice, une jeune femme dynamique. Aucun éclairage, une sono rudimentaire, mais qu'à cela ne tienne, oui, je reviendrai.

Ville-Marie. Des centaines de kilomètres de Montréal, dans le doux Témiscamingue, de ma petite enfance. Y revenir, c'est le plaisir des retrouvailles avec des copines de l'École normale et, chaque fois, la redécouverte de la beauté verdoyante du site. Artiste invitée à l'émission *Fête au village* de Radio-Canada, je me dis que, cette fois encore, le voyage vaut le coup...

On intègre le chanteur ou la chanteuse à un rassemblement communautaire. Agapes fraternelles, interviews, chants et anecdotes. Il s'agit de faire connaître une région, ses habitants, son histoire. L'authenticité et la spontanéité caractérisent cette émission, qui rayonne sur tout le réseau d'État sous le doigté efficace du réalisateur Roland Lelièvre. En raison du concept même de l'émission, on ne s'attend pas à chanter devant un parterre silencieux. Mais ce soir-là, on s'était surpassé en spontanéité...

Les « anciens » étaient interviewés, les petits avaient fait leur boniment, quelques dames avaient chanté, des gigueux s'étaient exécutés... On mangerait bientôt... après mes trois chansons. L'animateur me présente.

Comme je prends ma guitare, d'un bond, les dévouées bonnes dames se lèvent et profitent de ce « moment creux » pour mettre le couvert… Un coup pour l'orgueil. Heureusement on n'entendait pas, à la radio, le concert de couteaux et de fourchettes pendant mon exécution captée fort heureusement par un micro unidimensionnel.

La fièvre n'est pas retombée depuis l'élection du Parti libéral inaugurant l'« ère du changement », loin s'en faut. En ce mois de juin anniversaire, je laisse le ciel politique à ses perturbations et m'envole avec mes chansons à l'extrémité est du continent, vers un coin de terre et d'eau paradisiaque.

L'avion va se poser sur la piste, à moins que ce ne soit sur une pointe de sable. Par le hublot, je ne vois que dunes et mer de toutes parts. La nappe émeraude lance des étincelles sous le ciel d'un bleu lisse. L'avion décrit des cercles. C'est long. Depuis le temps que l'on me parle des Îles-de-la-Madeleine. J'ai hâte de voir la mer de près, j'anticipe ce qu'elle a à m'offrir…

Retenue par ma ceinture de sécurité, je sors un crayon du sac rangé sous le siège devant moi. La mélodie s'en ira si je n'écris pas immédiatement les premières paroles :

On m'avait dit :
« Si tu vois la mer
dis-lui bonjour !
C'est mon amie, dis-lui bonjour… »

Je n'ai jamais été rapide au solfège. J'écris le nom des notes, *do, ré, mi, mi…* sous les mots. Je transposerai. Préciser le tempo, trois noires, une blanche pointée…

Marianne sera contente, non seulement je vais livrer son message, mais elle pourra le chanter. C'est vrai, elle ne chante pas. Qu'importe, ce sera pour d'autres.

Étang-du-Nord. L'école où logent et enseignent des oblates. D'abord l'océan. Râleur, soufflant, écumant, sa voix domine tout. À peine ridé vu d'en haut, le monstre liquide se révèle maintenant totalement, prend sa pleine dimension, se jette sur les quais où s'affolent les barques des pêcheurs, claque en ressacs obstinés sur les falaises, fracasse l'air de sa fureur. Les oiseaux s'en éloignent comme des morceaux d'écume, messagers translucides vers des mondes lointains.

À la fin de mon voyage, je terminerai la chanson au piano de la salle commune, chez mes compagnes qui m'ont très gentiment accueillie. Les impressions de mon séjour aux Îles se superposent en délicate poésie, exprimant ma première vraie rencontre avec la mer.

Moi, une Abitibienne habituée aux mousses tapissant les sous-bois d'épinettes et de bouleaux, aux buttes rocheuses de paysages qui vous aspirent et vous délivrent en même temps, aux ciels tolérants, inlassablement striés des rubans de fumée de la mine, je recevais la mer, m'ouvrais à elle, la respirais, l'absorbais comme un dû. Comme quelque chose qui aurait patienté longtemps dans mes rêves antérieurs.

Je chante pour les gens de la paroisse et les élèves de l'école. Visite des lieux pittoresques des trois îles de « l'hameçon ». Grande-Entrée, un concert ; Havre-Aubert, un tour de chant. Cap-aux-Meules, je n'y chante pas. Simplement regarder, écouter, sentir. Fatima, une autre école, une paroisse dynamique, on m'y attend pour un grand récital l'an prochain.

Mon guide, à l'usine de poissons, aux quais des pêcheurs de homards, aux grottes des falaises rouges, est une fille des Îles, pleine d'enthousiasme et de récits savoureux sur son « pays ». Je repartirai les oreilles remplies de ses histoires fantastiques, tissées d'expressions fleuries et sonores, toutes plus colorées les unes que les autres.

Les cours vont devoir attendre. Les exercices sont remis à l'automne. À peine rentrée au bercail, après une nuit ou deux dans ma chambrette de la rue Lévis, je repars vers La Malbaie, Baie-Comeau, Hauterive... Ceux ou celles qui organisent les concerts savent toujours me dénicher un endroit « parfait » pour dormir, par exemple chez des gens de « bonnes œuvres paroissiales », où mon honneur sera sauf et ma vertu protégée.

Comme je n'ai pas de voiture, ces périples s'apparentent souvent à de véritables exploits. Je monte dans l'autobus, et la guitare, que je ne peux laisser dans le compartiment à bagages, me précède de toute sa longueur, risquant chaque fois de heurter les jambes de braves dames devant moi. Après avoir réussi le tour de force de me caser, moi et mon arsenal, sur un siège, et vérifier si, dans mes manœuvres, le talon de mon billet ne s'est pas envolé...

J'ai osé me plaindre de cette situation à mes chères camarades au cœur si peu tendre quand il s'agit de rire. Elles ne trouvèrent rien de mieux que de me poursuivre longtemps de ce malheureux lapsus échappé à propos du risque d'accrocher « les femmes des jambes » !

Chaque fois, un visage différent du pays… Arrivée à Schefferville par les airs, un jour de printemps. Univers saupoudré de neige. Les collines basses hérissées d'arbres cure-dents. En contraste, l'accueil chaleureux. L'éloignement est inscrit partout dans la ville, pourtant en plein essor. Bâtiments construits vite, but temporaire. Quartiers aux résidences rangées symétriquement, comme en banlieue. Des écoles remplies. Une émission de radio, entrevue pour le journal local, rencontre avec les élèves de toute la Commission scolaire : chanter quelques chansons. Le soir, spectacle pour le « grand public ».

En fin de soirée, léger goûter chez mes compagnes, les oblates enseignantes. Le besoin de nouvelles fraîches, des questions, comme pour se rapprocher un peu de ce qu'on a laissé derrière soi, si loin. « Quel temps fait-il "dans le sud" ? » « As-tu vu le père Parent dernièrement ? » « Comment ça te vient l'idée d'une chanson ? » La messe, le lendemain, à sept heures.

CHAPITRE 14

Dans le train, entre Québec et Montréal, je lis les journaux et les revues d'opinion. L'actualité ne manque pas d'intérêt. Le mouvement séparatiste, aussi virulent qu'embryonnaire, retient l'attention des éditorialistes. Pour la plupart des gens, la cause est farfelue ou dangereuse, dans tous les cas, utopique. Encore fidèles à la pratique religieuse, très attachés à leur pays, les « Canadiens français » ne semblent pas impatients de se lancer dans de grands bouleversements ; ils n'éprouvent aucune envie de s'aventurer dans des directions périlleuses. « La casse », ce n'est pas dans notre tempérament.

Un tableau pastoral se déploie sous mes yeux. Derrière nous, Louiseville, puis Berthier, et à nouveau les champs ; de sympathiques vaches, qui connaissent apparemment l'horaire des trains, sont au rendez-vous. Dans mon carnet de méditation, je note des réflexions, quelques résolutions. Je récite mentalement un chapelet. Comme les mantras chez les Orientaux, un moyen d'élever la pensée : prière incantatoire, pacifiante. Loin d'être un mâchonnement vide de sens, ce moment d'intériorité prend bien sa place dans le mouvement de mes journées et me ramène à l'essentiel.

À la gare Jean-Talon, des hommes d'affaires, des fonctionnaires et des journalistes empruntent d'un pas rapide le large couloir qui mène à la sortie, leur attaché-case à la main. Dans le flot des voyageurs, il m'arrive d'apercevoir André Laurendeau, le rédacteur en chef du *Devoir*. Mince, alerte, le visage expressif, je le revois qui ouvre la marche, tout en poursuivant une conversation avec Jacques Hébert. L'homme dégage une intelligence droite et éclairée. Parlions-nous, à cette époque, de « vibrations » ? Elles étaient très positives, celles d'André Laurendeau.

Jacques Hébert, quant à lui, est de toutes les entrevues depuis son voyage en Chine avec Pierre Trudeau. Ce pays invite chaque année des milliers d'étrangers : sociologues, professeurs, syndicalistes, écrivains, tous triés sur le volet. S'ensuivent autant d'articles, de conférences, de livres sur Mao et sa révolution.

Le marxisme teinte les cours de certains professeurs. Le communisme vu comme la délivrance du peuple intoxiqué par « l'opium de la religion », et comme l'unique salut des sociétés. Des décennies plus tard, le mur de cette certitude s'écroulera avec fracas, prenant le monde entier par surprise. Pour le moment, l'idéologie est séduisante et souvent efficace. Dans une entrevue au magazine *Maclean's*, Jacques Hébert déclare, parlant de la Chine : « Ici, des enfants de douze ans apprennent le ballet classique. Là, c'est un chœur qui chante une ballade à Mao. [...] Ce qui paraît certain, c'est que ces enfants rieurs, doux et charmants seront demain des *hommes nouveaux*, dans le sens marxiste. Ils sont nés avec le régime qui les couve depuis le berceau, dans les garderies, les maternelles, les écoles ; qui organise leurs loisirs et les conduira à l'université dans un but précis : *changer l'homme.* (*Maclean's*, mars 1961)

C'est bien ce que veulent les grandes religions depuis toujours : changer l'homme. N'est-ce pas le message du Christ lui-même ? Les religieux et les religieuses qui dirigent les institutions d'enseignement en sont convaincus et trouvent tout naturel de diffuser des chansons porteuses des valeurs en lesquelles ils croient.

L'école est au centre-ville de Montréal. Bien que habituée à entendre des groupes de jeunes chanter mes refrains, l'émotion m'étreint lorsque six cents étudiantes se lèvent et entonnent en chœur : « Vive la vie, Semez la joie !... » Cette chanson, pourtant si simple, recèle un étonnant pouvoir de stimulation. Le texte évoque les thèmes de l'amitié, de la charité, « pardonner à son prochain, lui prendre la main »...

Je suis là, sur scène, à écouter... Il me faudra quelques secondes pour me ressaisir avant de m'avancer vers le micro avec ma guitare. Ce n'est pas un auditoire, c'est un cœur qui bat. Visages épanouis, réactions spontanées à mes commentaires, attention étonnante à des textes profonds. De ceux qui exprime mon attachement à « Celui en qui je crois », aux chansons clin d'œil : « La bonne humeur, un bon tonique qui surpasse tous les médicaments, nous rend la vie plus sympathique... » ; en passant par les airs qu'elles connaissent par cœur, *La moisson*, *Route claire*, le courant passe, magique, magnétique.

À la fin, assise sur un tabouret, je réponds à leurs questions sur l'inspiration, l'écriture de la musique, pourquoi j'aime chanter... Le sens de tel texte est-il bien celui qu'elles lui ont donné ? Au moment où je quitte la scène, une religieuse, dans la première rangée, réclame un autre rappel. Et ça ne va plus finir...

Puis ce sont les petits gâteaux, dans une pièce bien astiquée, décorée de plantes vertes et de l'incontournable statue de la Vierge. Odeur de parquet frais ciré et, comme c'est apprécié ! de café. Avec maints remerciements, mon hôtesse me tend discrètement une enveloppe, et insiste pour que je fasse honneur au plat de gâteries.

Des religieuses qui ont assisté au spectacle se joignent à nous : « Comme vous aimez le Bon Dieu ! » dira l'une. Cette affirmation me met mal à l'aise. Sait-on vraiment la profondeur, la dimension réelle de nos mouvements intérieurs ? « Nos jeunes filles ont un grand besoin de ces chansons », ajoute sa compagne, tandis qu'une autre déclare : « C'est *Le jeune homme riche* que je préfère entre toutes. Le message est profond, et quelle touchante mélodie ! » On renchérit sur « la voix si pure, si juste et si mélodieuse qu'on ne s'en fatigue pas ! » Garder la tête froide, le cœur calme, savoir que les compliments sont comme l'eau sur un beau meuble, si ça reste trop longtemps, ça abîme.

Dans le couloir, des étudiantes m'encerclent. Séance de signatures. Exclamations admiratives. Certaines sont remuées, touchées, d'autres, vraiment enthousiastes. Les absentes, des sceptiques ? Il y a aussi la curiosité. Il me semble entendre : « Elle chante, elle donne des spectacles, elle est jeune et pourtant tout cela est centré sur Dieu... » Faute de pouvoir résoudre l'énigme, elles se contentent de chanter mes refrains pour le plaisir des mélodies et leur élan.

Parfois, ce sont des garçons. Le même contenu, presque les mêmes réactions. Sur un registre plus grave, parfois muant. Un jour, à Ottawa, des séminaristes. Des jeunes gens à peu près de mon âge, qui étudient pour devenir prêtres. J'ai conscience d'être l'élément féminin, à la fois qui dérange et que l'on admire... Je suis sur mes gardes, de peur de leur donner des idées, bien malgré moi, intimidée aussi par le respect que leur inspire mon choix de vie. Mais c'est surtout leur bagage théologique qui m'impressionne. Je les vois tous déjà exégètes, spécialistes de l'interprétation des Écritures, infatigables scrutateurs des sentiers de l'âme... Après le récital, ils en remettent sur « ma belle simplicité », qui compte « plus que tous les savants bavardages ! » Est-ce un compliment ?

Je ne me rendais pas compte de l'influence qu'exerçaient mes chansons. Sais-je combien de jeunes filles sont entrées chez les oblates ou dans d'autres communautés, inspirées par un de mes petits disques ?

Beaucoup d'adultes aussi possèdent mes enregistrements. Le courrier accumule les encouragements à continuer. Des gens parlent de « la joie que mes chansons mettent dans leur vie », du bien qu'elles leur font. Des témoignages touchants : une dame impotente me remercie pour une chanson qui lui a redonné le goût de vivre au moment où elle songeait à en finir.

Parfois, quelqu'un s'égare dans l'enthousiasme. Ainsi, cette admiratrice, confondant le message et la messagère, qui m'exhorte à « construire une chapelle sur votre rue », après avoir établi une liste impressionnante de mes « mérites ». Mes compagnes en font les gorges chaudes : « Les entrées, on va les mettre gratuites ou payantes ? » « Laquelle de tes photos va-t-on imprimer sur les médailles ? » « Le frère André n'a qu'à bien se tenir ! » Sur la rue Lévis, ce n'est pas une chapelle qui convenait, mais un temple de l'humour. Fallait pas nous provoquer.

∞∞∞

« Visualisez vos textes, Jacqueline. Quand vous commencez à chanter, la "scène" doit être déjà dans votre tête. Ne la lâchez pas, vivez ce qui s'y passe. »

Mademoiselle Poitras me fait travailler mon registre mezzo-soprano en anglais, en allemand, en italien.

Dans son studio à Sainte-Foy, Jacques-Henri Gagnon, professeur de diction et d'art dramatique, insiste : « Si la voix ne peut jamais remplacer l'articulation, cette dernière peut toujours soutenir la voix... »

Préparation du microsillon tant attendu par le père Poirier. Chaque jour, répéter *Paix du soir*, *Monsieur l'Bonheur*, *Si tu vois la mer*, *Le soleil reviendra*, *Je crois en Toi*... Terminer des chansons commencées. En écrire de nouvelles. Mon « producteur-perle-rare » n'en démord pas, le temps presse. Son sourire frais, cette confiance têtue... Comment ne pas obtempérer ?

Soucieuse d'arriver au meilleur résultat possible, je ne néglige aucun effort. Alors que la voix continue de s'améliorer, l'écriture explore de nouvelles avenues. Des textes prennent une teinte philosophique : « Demain, où s'ras-tu ? La vie passe, la vie passe Et le temps n'attend plus... » Ou questionnent l'authenticité : « Ai-je bien compris, en lisant ton évangile ? Si je garde mon plaisir bien installé à la face d'un frère désolé, non, je n'suis pas ton amie… » Empruntent un ton pamphlétaire : « Marche de guerre… Ce sont des frères pourtant qui remplissent tes rangs. » Débusquent les fausses identités du bonheur qui se targue d'être « le plus populaire de toute la terre… même si je passe pour un menteur… »

Fin d'été, un chalet à Cap-Rouge, adjacent à la propriété de Roger Lemelin, adossé aux talus boisés qui finissent en falaise au dessus du fleuve. Générosité d'un mécène. Pendant que deux compagnes étudient, installée, avec guitare et magnéto, je m'échappe dans la métaphore de *L'avion et l'oiseau*. Prétentions du pouvoir artificiel, questionnées par la logique simple du petit chantre de l'air et de la nature… « À la lune quoi faire, si l'on ne réussit pas à mettre ici l'amour ? »

Dans les neiges laurentiennes, au lac Beauport, une maison prêtée par des amis. Les oblates infirmières de Loretteville s'y relayent avec nous de la rue Lévis, pour de brefs séjours de repos ou d'étude.

Pendant que mes compagnes apprivoisent les pentes poudreuses, je peaufine les dernières lignes d'une chanson commandée par la JOC (Jeunesse ouvrière catholique). Cette dernière, tout comme son pendant, la JEC (Jeunesse étudiante catholique), appliquait, d'une certaine manière, sur des thèmes d'entraide et de valeurs chrétiennes, les bases mêmes de la sociologie.

Le thème proposé est en soi un défi : valoriser le corps, compagnon de voyage en cette vie terrestre, lui que l'on dissocie encore nettement de l'âme, les opposant, même. On l'avait tellement ostracisé dans le passé. La partie honteuse de l'être humain, le couvrir au grand complet, le cacher, si possible, l'oublier, quant à faire, voilà ! Qu'il disparaisse ! Une sorte de réconciliation. L'idée était bonne, mais de là à en faire une chanson ! Je veux une mélodie chantante, un rythme accrocheur, des images… « Tu es de ma pensée le seul visage, tu es la main que présente mon cœur, c'est avec toi que je ferai ce long voyage, au bout, la vie sera meilleure. » Sur le disque 33 tours, une choriste y ajoutera une harmonie efficace. La chanson très enlevante donnera son titre à l'album *Compagnon*.

Je rencontre Roger Pilon dans son studio, rue Mentana, à Montréal, avec ma guitare et mes bandes artisanales. Il est un musicien chevronné, directeur d'orchestre pour ballades populaires et revues de music-hall, très sollicité. « Qu'est-ce que je vais faire avec ces chansons ? » a-t-il dû se dire, au téléphone. Il m'a donné rendez-vous par curiosité, peut-être ? Ou expérience du métier : ce monde est plein de surprises.

Installé à son piano, il se tourne vers moi, l'air ravi. « Oui, on pourra faire quelque chose avec ça. » Pour garder un certain « cachet », il suggère que six chansons soient accompagnées à la guitare par Aurèle Lacombe, qui restera près de mon style, jouant comme si c'était moi.

Il ne faudra pas beaucoup de temps à mon arrangeur musical pour trouver la couleur et le ton à donner au produit. Il me dit avoir le goût de faire ces chansons si différentes de tout ce qui lui tombe habituellement sous la main.

En moins de deux semaines, nous sommes prêts.

Le studio RCA Victor est situé rue Guy, dans l'ouest de la ville. À deux pas de Radio-Canada et du Café des artistes.

S'y affaire toute la faune de la musique populaire : producteurs, agents, chanteurs, chanteuses, musiciens. On y procède à de multiples enregistrements de disques de tous les genres. Pour notre album 33 tours, il ne fallait pas moins que ces équipements sophistiqués et des techniciens-maison qui ont fait leurs preuves.

Le frère Pomerleau n'est pas long à impressionner ces derniers. Disposant enfin de l'outillage complet et professionnel d'un grand studio, il n'a plus qu'à laisser aller son génie. Et il en a.

Arrivé tôt, il est déjà aux commandes, assisté du technicien de service. Le père Poirier, derrière lui, est nerveux. Sur son nez, ses lunettes ne cessent de glisser. Il me sourit pour me donner confiance et pour s'encourager sans doute lui-même un peu.

De nos jours, des productions « modestes » nécessitent un nombre incalculable d'heures de studio. Et ce, dans des conditions idéales. C'est-à-dire lorsque l'interprète chante juste, que les co-producteurs ne divergent pas trop souvent d'avis, que les musiciens n'ont pas passé la nuit à finir une session dans l'enfer des décibels, les poumons et les yeux intoxiqués par la fumée des cigarettes ou par autre chose…

Car la technologie est si avancée que rien n'est simple. On enregistre d'abord les éléments rythmiques. Ensuite seulement vient la chanteuse ou le chanteur. On s'interrompt… Quelque chose ne va pas avec le texte ? On fait venir l'auteur en catastrophe, lequel finit par trouver l'inspiration, il était temps, pour la bonne sonorité d'un mot ou la rime manquante. Puis on complète avec les multiples possibilités du synthétiseur, un ou deux instrumentistes, une percussion « songée »… des choristes peut-être ?

Et les secondes fuient, comme autant de dollars du budget de la production. À une vitesse proportionnelle à la montée du stress chez le producteur, qui voit fondre son capital d'investissement, et chez l'interprète, qui doit renoncer à reprendre une voix qui ne satisfait pas.

À moins que l'on recommence tout. Alors on double le budget, le temps s'étire à l'infini. Les échéanciers promotionnels s'effondrent. Dépression en vue dans l'équipe et chez l'artiste.

Le bon frère est moins bavard que jamais. Tout concentré, des signes par-ci, par-là, de brèves directives. Dans le studio, tout le monde est prêt. Les violonistes, le bassiste, le guitariste et le flûtiste installés, le chef d'orchestre vérifie les derniers détails, s'affaire au piano devant ses partitions.

Derrière un paravent, les choristes s'éclaircissent la voix, vocalisent, tandis que, dans mon coin, séparée des autres, j'en appelle à toute mon intériorité, rassemblant mes émotions, mon énergie. Une petite prière...

— Vous êtes en forme, Jacqueline ?

Cette phrase, comme un signal de départ...

Six heures plus tard, les six premières chansons sont enregistrées. L'orchestre et la chanteuse dans un parfait synchronisme, sur la même ligne vibratoire.

Une autre demi-journée pour les chansons à la guitare et l'enregistrement est complété. Douze heures pour un disque de douze chansons !

Le travail accompli depuis plus d'un an avait porté fruit. De l'avis de tous, c'était très bon. Moi-même, j'étais presque satisfaite, ce qui n'était pas peu dire. Bien sûr, je trouvais ma voix trop haute, comme toujours, mais ça, c'était une autre histoire. Bien sûr, il y avait ce choriste à la diction molle… Je le revois encore, se levant pour chanter « Bonjour, bonjour », dans *Si tu vois la mer*, entre deux bouchées d'un hot-dog qu'il ne terminera qu'à la finale.

L'album était d'une étonnante qualité.. Roger Pilon, au mixage, me dit : « Tu vas certainement gagner un prix avec ce disque ! » C'était sans compter sur le snobisme qui avait cours chez les « décideurs » du monde artistique. Dans les grands événements honorifiques, on boudait certaines catégories, et la dernière chose qui pouvait être jugée avec impartialité était bien un produit à contenu, si peu soit-il, « religieux », le tabou absolu, fut-il exceptionnel.

Le disque *Compagnon* reçut un accueil extraordinaire chez ceux qui l'attendaient. Paradoxalement, ce fut la plus grande discrétion du côté médiatique, à quelques exceptions près. Tel ce jeune journaliste du *Petit journal*, peu soucieux d'être à contre courant, qui osera en faire l'éloge. C'est de France que les réactions viendront, un an plus tard. Enthousiastes.

Le lendemain du lancement officiel, qui eut lieu à Trois-Rivières en présence de plusieurs hauts dignitaires, nous l'écoutions dans nos nouveaux locaux au nord de la ville. Une trentaine de compagnes, le père Parent, des directrices de région, les membres du Conseil central. Moment fébrile, plein d'émotion. Même *Si tu vois la mer*, d'abord reçue avec quelque réticence, lors de sa création — pour la première fois, ce n'était qu'images poétiques —, suscita l'enthousiasme dès la première écoute.

CHAPITRE 15

Je rentre d'un court voyage, en compagnie de ma mère et de quelques membres de ma famille, dans la région-souche des Lemay et des Provencher. Telle une plante en terrain nourricier, maman s'épanouissait en compagnie de ses sœurs et de ses frères de Gentilly, de Bécancour, de Sainte-Cécile-de-Lévrard… De doux souvenirs ont reflué dans ma mémoire : les petites cousines, les vacances de Noël de mes treize ans, les vieux rideaux dont on se servait pour les saynètes que l'on improvisait, la messe de minuit en carriole, le décor givré, les pâtés et les tourtières de ma tante… J'enviais mes aînés d'avoir connu mes grands-parents dans ce coin de pays, et une existence qui s'annonçait plus prometteuse que l'âpre exil, l'aventure pionnière dans laquelle s'était embarqué mon père.

La visite, justement, s'est terminée du côté paternel. Deschaillons, la maison du poète Pamphile Le May, qui a un lien avec notre famille : « C'est sur cette galerie qu'il se berçait, quand ton père, petit garçon, allait lui parler, ou plutôt l'écouter… » Fortierville, Lotbinière et, ultime halte, Sainte-Émélie (Leclercville). Le village à flanc de coteau, si joli avec sa petite église sur le cap, un trésor du patrimoine québécois. Y entrer, caresser le banc de bois usé où la famille prenait place le dimanche… À la sortie du village, s'émouvoir devant la maison ancestrale qui a abrité trois générations, le petit bois au bout de la terre, l'orme centenaire. Chaque fois le même récit : « Ils sont tous nés ici, avant Jérôme et toi. On est partis sur le fleuve, à Saint-Pierre-les-Becquets, dans une barge, avec tout le ménage et les animaux de la ferme, pour débarquer à Batiscan, de l'autre côté. De là, on prit le train pour le Témiscamingue.

Renouer avec ma famille me fait du bien. Une façon différente de communiquer. Je ressens le besoin d'aborder d'autres sujets que ceux de mon travail, de déborder du cadre de l'équipe, d'échanger avec un frère, une sœur, de m'attendrir.

Concernant les visites aux parents, l'Institut des oblates était plus permissif que les communautés traditionnelles, encore très strictes à cet égard. En outre, mon métier me privilégiait en me conduisant souvent en Abitibi.

C'est ainsi que j'ai pu participer à une réunion, à Rouyn, avant le départ pour le Japon de ma sœur Marguerite. Religieuse des sœurs de la Charité d'Ottawa, cette nature ouverte et chaleureuse était destinée à être appréciée au pays de la subtilité et de la fine culture, où la gentillesse est une forme obligatoire de civisme. Elle y passa seize ans de sa vie.

Nous, ses sœurs et ses frères, ne pouvions nous douter qu'elle partait pour si longtemps. Pour maman, je gagerais que la distance et le temps étaient déjà inscrits dans toute l'intimité de son être. Ma mère n'avait pas de préférés parmi ses enfants — bien que l'on ait toujours soupçonné ses « p'tits garçons » de détenir une place de choix dans son cœur. Mais sans aucun doute, la plus proche d'elle était Marguerite, la deuxième après Clément, qui avait été une seconde mère pour les petits qui ont suivi.

Au gré de mes voyages, j'ai commencé un journal intime. À usage thérapeutique, il va sans dire. Car les confidences entre compagnes ne sont pas permises. Sans doute, veut-on éviter l'escalade des critiques négatives, toujours dangereuses dans un groupe. Ainsi, on décourage les relations d'intimité entre deux oblates.

Quand j'étais étudiante, les religieuses recouraient à un slogan étonnant : « Jamais deux, rarement seule, toujours trois ! » Sus aux « amitiés particulières », expression évoquant quelque laideur innommable, quelque faute obscure et indéfinissable, qui relevait pour moi de la fiction, n'en ayant jamais été témoin — naïveté ou manque d'attention — durant mes trois années de pensionnat. Cela n'a pas empêché plus d'une d'entre nous de s'éprendre, vers les quinze ans, d'une belle et « transcendante » professeure de français pour qui nous aurions porté les livres au-delà de l'Atlantique ! Nous ne manquions pas de passion amoureuse. Mais c'était de cette passion pure et sans arrière-pensée, dépourvue de connotation sexuelle, comme on peut le vivre durant l'adolescence, prompte à s'enflammer en totalité, sans faire de quartiers.

Côté relations personnelles et fidélité au vœu de chasteté, les autorités, en ce qui nous concernait, pouvaient dormir tranquille. S'il fallait craindre un danger, il se trouvait ailleurs…

Le pavé jeté dans la mare par l'insolent frère Untel, que le cardinal Léger enverra « se calmer » en Belgique (on parlera d'exil), continuait à faire des cercles. Ses vues décapantes sur le concept jusque-là admis de l'autorité délivraient de bien des peurs, ouvraient à de grandes lucidités. Son discours s'inscrivait dans un fort courant vers la liberté d'expression et démystifiaient plusieurs interdits traditionnels.

Il n'est toutefois qu'une voix parmi plusieurs. Si la sienne est celle d'un homme fidèle à sa foi religieuse, d'autres sont d'allégeance et de convictions bien différentes, des plus diversifiées. Les leaders gauchistes, socialistes et indépendantistes confondus occupent les tribunes médiatiques. À la télévision de Radio-Canada, le peuple s'éduque aux émissions scientifiques de Fernand Seguin, qui ne fait pas mystère de son athéisme, et aux interviews menées par une Judith Jasmin brillante et cultivée qui reçoit écrivains, peintres, philosophes aux idées avant-gardistes, sinon révolutionnaires.

Le bouillonnement intellectuel ambiant nous engage dans les chemins nouveaux de la pensée, sillonnés par quantité d'étudiants, de professeurs et d'artistes. Nous percevons d'ailleurs un malaise, une certaine méfiance chez notre directrice générale vis-à-vis du milieu universitaire qu'elle n'a pas fréquenté, alors que de plus en plus d'oblates y complètent leurs études.

Pendant que, au dehors, les esprits « éveillés » s'abreuvent à *Cité libre*, où feront leur nids les « trois colombes » — Gérard Pelletier, Pierre Trudeau et Jean Marchand —, nous insistons en vain pour nous abonner à la revue *Maintenant*, jugée trop avant-gardiste, pourtant éditée par les dominicains...

L'interdit ne sera qu'une passoire. Par une sorte d'osmose, il y a comme un air que l'on respire, on s'y retrouve, on ne s'en rend pas compte, on y est bien. Nul ne sait exactement ce qu'il transporte.

« Ce qu'il y a de plus difficile, Jacqueline, c'est de rester soi-même. » Cette phrase lancée par le père Parent arrive comme une lame dans le mou de mes velléités créatrices.

A-t-il lu à travers moi ? Depuis un certain temps, mon écriture est en recherche. Mes chansons me semblent trop simples ; j'en viens à douter de mes talents d'auteur-compositeure. Pourtant, on aime mes chansons, on les chante. À Québec, la radio joue « *Monsieur l'bonheur* ». Je suis invitée à plusieurs grandes émissions radiophoniques de Radio-Canada. Je reçois par courrier des messages vibrants, enthousiastes. Je n'en demeure pas moins très critique envers moi-même. Un trait de caractère aussi difficile à changer que la couleur de mes yeux.

Sa remarque aurait-elle une portée plus large ? Perçoit-il une émancipation suspecte, une liberté de pensée dans notre groupe, qui s'accorderait mal avec l'esprit d'obéissance ?

Sur ce chapitre, nous n'innovons pas. À Loretteville, une jeune infirmière, directrice de son équipe d'oblates et de l'hôpital qu'elles ont fondé, ne cache pas ses théories libérales et les affiche, bien à l'aise, au milieu de ses fonctions.

L'exhortation du père Parent reflétait de toute évidence une inquiétude. La petite chanteuse devant lui n'était plus exactement celle qui avait composé spontanément, sans avoir à chercher les mots, « Sur la route claire, je m'en vais fredonnant ma joie ». Je lisais *Le journal d'un curé de campagne*, lumineux, aveuglant de foi, mais grave et sombre de la perception de l'auteur des tréfonds du cœur de l'homme, grouillant de contradictions et d'intentions inavouées où misères et laideurs se côtoient. Bernanos m'éveillait au mystère du mal, de la souffrance humaine. Il me conduisait à travers les méandres, que dis-je, les bourbiers de notre nature. Laquelle, suggérait l'auteur, était, sans la rédemption, vouée à une irrémédiable impasse.

Étrangement, alors qu'une certaine classe « pensante », nettement anticléricale, travaille à sortir les gens de leur « sécurité » religieuse, l'aspect humaniste et égalitaire des nouveaux courants de pensée va trouver son pendant chez les croyants, dans une façon renouvelée de vivre la foi chrétienne. On veut aller à l'essentiel, rechercher avant tout l'authenticité.

Je me sentais, pour ma part, plus que jamais attirée par une exigence brûlante et totale d'amour. Le monde de la spiritualité prenait tout son poids ; des questions de sens et de motivation m'interpellaient, me poussaient à approfondir les éléments même de ma foi et de mon espérance en Dieu.

Nous recevions, au cours de nos réunions d'étude, un prêtre eudiste, très cultivé qui nous tenait en haleine avec ses récits captivants et bien documentés sur la période héroïque des débuts de la chrétienté. Je fouillais dans ces événements, je questionnais, m'intéressais à la signification et à l'interprétation des témoignages, aux voies secondaires sur le parcours du récit. Je cherchais à faire des rapprochements, j'émettais des hypothèses, comme si, par le truchement de ces épisodes historiques, je pouvais atteindre à une connaissance plus proche, plus intime du Christ lui-même. Mon cœur en était tout embrasé.

Je veux sauver le monde, rien de moins. En voyage, il m'arrive de m'entretenir avec mon voisin, ma voisine, intrigués, parfois séduits, sur de grandes questions existentielles, avec le désir d'éveiller chez l'autre ce même souffle qui me transporte. Quand je vais à Rouyn, mes frères doivent me trouver « un peu déconnectée de la réalité ». Ils ne l'ont pas dit, mais c'est sûrement ce qu'ils pensaient devant mon empressement à argumenter, à la moindre occasion, contre l'embourgeoisement, le matérialisme, le vil appât du gain. Comme s'il n'avaient pas, eux, une famille à faire vivre et à laquelle offrir une existence la plus agréable possible. À m'entendre, il ne fallait pas vouloir gagner de l'argent, posséder une trop belle automobile, avoir des aspirations trop terre à terre, toutes choses synonymes de courte vision.

Voguant sur mes beaux discours. Où était donc leur petite sœur qui chantait *Why do Fools Fall in Love* ? Qu'était-il advenu de la benjamine, avec la belle folie de ses dix-sept ans, chantant *C'est si bon*, chez Jean-Claude et Claire, au cours d'une veillée de Noël, faisant rire tout le monde en imitant une diseuse à la voix sensuelle ?

Où était donc passée ma « belle simplicité », se demandera sûrement le père Parent, devant ma réaction à une proposition stupéfiante, au retour de l'un de ses voyages aux États-Unis ? Est-ce que je voudrais chanter en anglais ? Il suggère que l'on traduise mes toutes premières chansons, « celles que tu as faites avec le plus de naturel et de ferveur », celles des premiers 45 tours. Le projet dont on lui a parlé est le pendant de l'immense succès de sœur Sourire chez nos voisins.

À tort ou à raison, je vois dans cette perspective un facteur trop utilitaire. Le père Parent n'insiste pas. Pas plus que la directrice générale qui a assisté à l'entretien.

L'esprit du temps m'a influencée. Tout est suspect de récupération. Décrier le conformisme fait consensus. Bizarrement, sur ce point, le discours de la gauche et celui de la religion qu'elle exècre se rapprochent : vouloir trop de succès est mal vu ; être riche, une tare. Augmentant, ainsi, avec le capitalisme, la liste des nouveaux péchés.

∽о∾

Une tournée de printemps marque le calendrier des noms de villes et de villages, comme autant de points sur une carte routière. Un soir à Sorel, deux jours plus tard à Matane, puis Mont-Joli, Grand-Sault, N.B. ; une télé à Jonquière, une autre à Trois-Rivières. À Montréal, mille jeunes au théâtre du Gesù. Un saut en Abitibi, revenir dans la Mauricie...

L'auditorium du grand séminaire à Sherbrooke. Neuf cents spectateurs. Des rappels, comme autant de bouquets de tendresse. Un total bonheur. La veille, à Granby, spectacle au centre paroissial. À Sainte-Thècle, un petit auditoire dense, ma nervosité soudaine. Le spectacle est plus frileux, moins centré. Je m'interroge une fois de plus : mes compositions sont-elles à la hauteur ?

Pourtant, le répertoire se modifie. Dénonçant la course aux armements, les mots portés par une voix plus gutturale se pressent sur des accords rythmés...

Et ça tourne autour de la terre
C'est très excitant, même palpitant
C'est pas pour les enfants
Ce petit jeu sérieux
Qui comble des messieurs
Mais qui nous rend nerveux
Qu'on nomme la guerre

Une tirade humoristique, *Quelle indifférence*, fustige l'embourgeoisement et détend l'auditoire où chacun pense que je parle de son voisin...

Un chalet pour l'été
Des vacances bien payées
Et pour en profiter, une mince tablée
Des reçus d'charité, et l'impôt a baissé...
Oh ! quelle indifférence, mon frère
Quelle indifféren-en-ce !

Aux vers finals, le public s'esclaffe :

Sais-tu de quoi se chauffe l'enfer ?
De l'indifféren-en-ce !

Bien sûr, on est loin du scalpel de Brel. L'écriture est encore maladroite et ma satire renvoie aux valeurs chrétiennes, mais le souffle y est confirmé par les réactions de l'auditoire.

Après la tournée des terminus d'autobus d'est en ouest de la province, je pose mes bagages quelques jours. Célébrer un anniversaire. Méditer avec « les filles » un thème d'évangile. Échanger sur nos expériences. Discuter, proposer, écouter, s'interroger. Retrouver l'humour, le temps de faire des taquineries.

Un soir, Annette déclare : « Le temps est si doux, nous devrions dormir dehors. » Marianne et Germaine semblent d'accord. « Vous êtes folles ! Et les voisins ? » dis-je.

— Ben voyons, rétorque la première de sa voix cassée. Tu crois qu'ils nous verront, enfouies dans nos sacs de couchage, au troisième étage, sur la galerie ?

Nous nous sommes endormies tard, quand tous les rires ont cessé. À la belle étoile. Et il y en avait des milliers ce soir-là, dans le ciel de Québec. La fantaisie pour déranger les habitudes, défier la routine. Et puis, avec l'été qui s'en vient, aussi bien s'exercer dès maintenant à la mobilité maniaque. Comme des vases communicants, plus d'une de nos maisons reçoit, retourne, échange, se vide, s'emplit durant la belle saison.

Alors que mes coéquipières se préparent, les unes à terminer une année d'enseignement, les autres à leurs examens universitaires, mes derniers engagements empiètent sur l'été. De belles émotions à Edmunston, au Nouveau-Brunswick ; concert intime à Saint-Antoine-sur-Richelieu ; récital à Drummondville ; visites chantées dans des hôpitaux ; spectacles dans les camps d'été pour garçons adolescents et leurs moniteurs. Après le camp pour délinquantes « Les quatorze îles », je note quelque part, non sans humour : *Des Jésuites sont présents, il faut en être honorée…*

∽∘∾

Ne m'avait-on pas prévenue à mon arrivée dans cet Institut ? « Une oblate c'est, par définition, quelqu'un assis sur une valise. »

Pendant plusieurs semaines, ma chambre de la rue Lévis sera occupée par quelqu'un d'autre. Des étapes d'écriture se succéderont ici et là, au gré des possibilités d'hébergement, entre la retraite annuelle et quelques concerts improvisés, pour aboutir, finalement, à la fin de l'été, après cinq journées oxygénantes passées dans une érablière, à la Maison de la Madone du Cap-de-la-Madeleine. C'est un petit hôtel vétuste, à proximité du Sanctuaire, d'où son nom, aux chambres propres, sans luxe.

Mes vêtements sont encore imprégnés de l'odeur du bois. Dans ma tête, des restes de silences illuminés par les rayons obliques des verrières naturelles. J'avais rejoint une bonne amie de Waterloo, répondant à ses invitations répétées pour une « retraite-inspiration » dans la vraie nature. Nous avons pris « en passant », à Sainte-Marthe, ma cousine Yolande Leclerc, puis retour dans les Cantons-de-l'Est. Cinq jours dans une cabane sans électricité, la mousse et les feuilles comme descente de lit, la peur des petites bestioles, la nuit noire, des randonnées à cheval dans le sous-bois feutré, mon stylo et mes papiers laissés en plan, aucun travail. La nature avec tout son espace et son temps. Conversations lentes et longues, de beaux silences, vastes comme la vie. Immersion complète dans la poésie.

Je m'apprêtais à décrire cette expérience à Germaine quand sa lettre m'a devancée : « Nous déménageons sur la rue De Montigny. Une chambre grande et inspirante t'attend. Viens vite nous rejoindre ! »

En faisant mes valises, je tombe sur un texte qui fait écho à ces moments où le cœur prend des élans dramatiques exagérés, pour faire l'équilibre, on dirait, avec les autres, plus occupés à se vivre qu'à s'écrire.

Ce soleil est trop rouge
Dans ce couchant trop parfait
Ce ciel en extase
Trop beau
Tout cela est trop calme
Pour le brouhaha de mon âme
Ce va-et-vient
Étourdissant
L'incohérence de mes impulsions
Ces batailles dans mon cœur
Je ne sais pas qui perd
Je ne sais pas qui gagne
Ce soir splendide
A trop de splendeur
Pour la folie
Qui m'écartèle

Ailleurs, un commentaire de voyage : *L'autobus s'est arrêté pour le lunch à Drummondville. Une dame française m'interpelle : « Est-ce que ce n'est pas vous qui chantez avec une guitare, à la télévision, des chansons chrétiennes ? »*

Je m'attends si peu à cela, habillée en civil (l'abandon de l'uniforme est récent), que je deviens écarlate, tandis qu'à côté d'elle, une toute jeune fille, visiblement ravie de reconnaître Jacqueline Lemay, me dévisage et me gratifie d'un charmant sourire.

Troisième partie

Je prononcerai ton nom
Solitairement assis
au milieu des ombres
de mes silencieuses pensées.

TAGORE,
La corbeille de fruits

CHAPITRE 16

Dans les portes closes, sécurisantes, les gonds grincent, menacent de lâcher. Le conservatisme prend l'eau ; les parois ne cèdent pas encore, mais cela ne saurait tarder. Un nouvel édifice prend forme sous le premier, comme se tisse une peau neuve, la vieille se détachant d'elle-même. Le souffle annonciateur de l'ère du Verseau balaie le monde occidental d'une gigantesque bouffée d'air.

Tandis que la planète vibre au rythme des chansons des Beatles, Khrouchtchev et John Kennedy signent un accord pour le retrait des missiles soviétiques à Cuba, Martin Luther King œuvre sur le thème de la non-violence pour l'intégration de ses frères noirs et, au Québec, Jean Lesage, dans l'aura d'un petit homme fougueux, transfuge du monde journalistique, obsédé par la nationalisation de nos ressources naturelles, se dirige droit vers une réélection sur le thème électrisant de « Maître chez nous » !

En même temps, une délégation de deux mille évêques déferle sur Rome, convoqués pour l'ouverture du concile Vatican II, le vingt et unième, mais pour certains, le premier, le plus attendu, le plus inattendu.

Le concile. En cet automne de 1962, le mot court sur toutes les lèvres, et fait surgir chaque fois le visage bon enfant de Jean XXIII, le pape de la réforme tranquille, de la tolérance, le pape qui va inaugurer une ère de rapprochement entre catholiques, juifs et protestants. « Ouvrez toutes grandes les fenêtres ! » Cette phrase qu'on lui attribue rompt avec le traditionnel hermétisme de la sainte institution.

Conversateurs et avant-gardistes s'affrontent à coups de discours, de concepts, d'analyses, de prévisions ; on s'inquiète, on s'enthousiasme. Dans cette foulée, en moins de temps qu'il ne le faut pour l'écrire ou le commenter, des habitudes séculaires seront bouleversées. Combien de temps encore les églises remplies, comprenant un bon pourcentage de distraits ou d'assistants par habitude ; le port de la soutane ou du voile dans les communautés ; la messe en latin ; l'interdiction, pour un prêtre, de s'asseoir, en voiture, sur la même banquette qu'une femme ? Déjà les esprits progressistes palabrent sur l'alpha et l'oméga de Teilhard de Chardin tout juste libéré d'un interdit tacite.

« Fougue, parole délivrée, parois qui éclatent, verbe neuf, authenticité », sont les mots qui conviennent à la sortie d'un spectacle de Gilles Vigneault au Palais Montcalm de Québec. La chanson nouveau-née. « Notre chanson ». De la Côte-Nord à l'Abitibi, des marées gaspésiennes aux balcons de l'est de Montréal où l'on se berce, le sang des ancêtres dans les veines : coureurs de bois, portageurs, semeurs, pêcheurs... on reconnaît le vent, nos gens et la poésie qui fouette, libère, chante et gigue comme on ne l'a jamais entendue, jamais imaginée.

M. Vigneault et son spectacle gorgé de verbe et de gestes entrent dans la chanson comme une bourrasque. On l'attendait. On en avait bien besoin. L'ère des « chansonniers » part sur un élan qui va durer belle lurette. Autour de ces notes et de ces mots qui courtisent le peuple, Ferland, Gauthier, Léveillée et Pauline Julien — pour n'en nommer que quelques-uns — ouvrent la ronde des boîtes à chansons qui pousseront bientôt comme des champignons d'un bout à l'autre de la province, procurant par moult images et rimes, la sève du « pays ». Tous ces artistes colportant, comme un virus, le nationalisme québécois.

Le souffle du renouveau entre partout en même temps. Dans toutes les sphères de la société. En tant qu'organisme séculier, nous sommes invitées par les autorités romaines à nous laïciser davantage afin de correspondre plus adéquatement à notre statut. D'abord troquer notre costume pour des vêtements de couleur — sur ce chapitre, on a déjà pris de l'avance — puis, nous intégrer plus concrètement dans notre milieu.

L'équipe à laquelle je viens de me joindre sur la rue De Montigny se prête tout à fait à cette nouvelle dynamique. Les occupations de chacune — de l'étudiante en pharmacologie à la directrice d'une école secondaire —, les plongent tout naturellement au milieu du « monde ».

Notre vie de groupe s'annonce bien différente de celle que j'ai connue dans les années antérieures. Une certaine distance s'établira entre nous, cautionnée par l'exigence des responsabilités extérieures. En outre, nous deviendrons peu à peu une sorte d'entité mobile, les individus devant changer d'affectation selon les besoins, les spécialisations d'enseignement, les stages ou les mutations dans d'autres « missions ».

Les emplois du temps sont chargés, et c'est à la course, parfois, que nous montons du premier au troisième étage par l'escalier couvert, à l'arrière de la maison : un triplex commodément situé à mi-chemin entre la haute-ville et l'Université Laval. Un feu de circulation nous sépare du chemin Saint-Louis, dans Sillery, du bois de Coulonges, réservé à la résidence du lieutenant gouverneur, et de la Grande-Allée, qui prolonge Québec jusqu'à son célèbre pont.

Comme le deuxième étage est occupé par des locataires, nous évoluons, le jour, dans les pièces du rez-de-chaussée où, jouxtant le couloir principal, s'insère une minuscule chapelle, oasis plus ou moins épargnée par des bruits et des voix.

Le sous-sol sert de remise, de buanderie et d'atelier pour le bricolage. Parfois, aussi, à des fonctions « thérapeutiques »... Ainsi, notre cuisinière, une personne drôle et passablement originale, nous a bien amusées avec l'aire de boxe qu'elle s'y est aménagée. Elle y descend, de temps à autre, munie de ses gants, s'abattant sur sa victime en caoutchouc, le temps de faire baisser la tension, pour remonter, souriante, soulagée, toute rassérénée...

Je dors et travaille là-haut, dans une pièce ensoleillée donnant sur la rue ornée de quelques beaux arbres. La voix de Monique Leyrac chantant Léveillée et Vigneault remplit la chambre. Sur le petit appareil phono, le disque tournera mille fois. Comme une lumière du dehors venant danser dans mon dénuement. Une musique appelant toutes les musiques. Des mots appelant tous les mots.

∽∘∾

Quand le père Parent, accompagné de conseillères générales, nous rend visite, on a peu de temps pour parler de soi. Autour de la grande table de la salle à dîner, nous apprenons, entre la soupe et le dessert, les dernières nouvelles sur l'Institut. Puis, il tend quelques perches, tente de déceler des non-dits révélateurs.

— Jacqueline, n'imite jamais personne ! me dit-il avec ce plissement des yeux qui lui est si particulier.

Ai-je montré trop d'enthousiasme, trop d'emballement pour la nouvelle chanson qui fleurit au Québec ?

— Je voudrais que l'on dise de toi, à la fin de ta vie : « Ça, c'était une apôtre », plutôt que « Ça c'était une artiste ! »

Du père Parent du meilleur cru ! Fidèle à lui-même, lui, c'est sûr. Guidé par une seule et unique motivation, qui n'avait rien d'artistique, cette sorte d'objectif qui forge les saints obstinés dans leur foi. Sans compromission.

Il me rappelle, en me taquinant, que je suis son cadeau de sacerdoce parce que je suis née le jour même où il a été ordonné prêtre. C'est généreux de dire cela, dans la mesure où je doute fort d'être un cadeau pour mes nouvelles compagnes.

Qu'est-ce que c'est que cette fille distraite ? doivent-elles se dire. Qui ne sait rien faire d'autre de ses mains que de tenir une guitare ? Qui s'enferme à des heures impensables pour faire quoi ? Écrire. Quand elles passent devant ma chambre et entendent mes exercices de diction, bda, bde, bdi, bdo, bdu, mne, chte, pta, pte, pto, ou mes envolées vocales, u, u, u, u, u, puis un peu plus haut, i, i, i, i, i, elles doivent sûrement trouver cette vie d'artiste des plus bizarres.

Au retour de mes engagements en province, je compose sans égard aux heures du jour ou de la nuit. Cette dernière étant écourtée par les allées et venues matinales sur l'étage, je paie d'une sérieuse carence de sommeil mes moments d'inspiration. Sournoisement, la fatigue s'installe. Et la nature n'aide pas…

Aux dires de ma mère, j'étais déjà insomniaque au berceau. Au pensionnat, l'haïssable cloche m'extirpait des ondes bêta au prix d'une véritable torture. Dotée de cette charmante disposition, si le matin ne peut être généreux pour moi, j'en suis quitte parfois pour une nuit transformée en désert blanc, sans rêves, sans sommeil.

À l'adage horripilant : « L'avenir est à ceux qui se lèvent tôt ! » il faudrait ajouter « et qui ont dormi » ! Je déclare ici innocents tous les insomniaques de la planète. Non, vous n'êtes par responsables de ce qui vous arrive, non, vous n'êtes pas paresseux. Oui, je vous crois.

Après bien des années de culpabilisation, quel soulagement d'apprendre que l'horloge biologique était la grande responsable de ces « décalages horaires ». Quel réconfort aussi de pouvoir parler de ses malheurs avec une autre victime de l'insensibilité des « bien dormants »…

Comme cela allait se produire, un jour, au hasard d'une conversation avec Eddy Marnay, le célèbre auteur de chansons, dans le couloir d'un studio d'enregistrement. Je ne sais comment le sujet s'était présenté, mais voilà que deux âmes étrangères se trouvaient soudain réciproquement compatissantes dans ce qui échappe aux « justes qui s'endorment dès que leur tête touche l'oreiller ». Nous vivions bien la même chose : sombrer dans le sommeil ne peut arriver que par distraction ; les meilleures heures pour récupérer commencent avec le jour. Mais le jour, il faut se joindre à la société. Alors, vous traversez le temps dans une zone grise, évoluez dans la faune humaine, une partie de vous-même derrière vous, le cerveau pétrifié. La vie est un épais brouillard que découpent les battements de votre cœur affolé, et « vous avez l'air tout à fait normal »… Alors que dix bénévoles courront vous chercher du secours pour un mal de dents, à l'invraisemblable phrase : « je n'ai pas dormi », vous n'aurez même pas un regard. Peut-être un froncement de sourcils. Au mieux, on pensera : « C'est de sa faute… vie de bohème, heures irrégulières. Au pire : « Il ou elle a dormi mais ne s'en rappelle pas ». On veut tuer.

Après une consultation médicale, d'un commun accord avec les autorités, j'allais au moins mettre un point d'orgue dans mes déplacements, prendre du temps sur place, essayer de m'adapter à un rythme de vie plus normal. Je tenterais aussi de mieux m'intégrer à l'équipe.

J'y trouve peu d'affinités. Marianne n'est plus avec nous, elle étudie à Montréal. Quant à Annette, elle remplace temporairement la responsable de la maison de la rue d'Auteuil. Heureusement, il y a Germaine, qui peint, pense, crée, toujours habitée par une belle liberté intérieure.

Nous travaillons toutes les deux sur le canevas de l'émission télévisée *Vie de l'Église*. Autour de thèmes d'actualité, nos textes sortent de la gaine toute orthodoxe des dogmes pour s'avancer en terrain plus humain, plus social. Signe des temps, l'expression est plus près du poétique que de *L'Imitation de Jésus-Christ*, et le visuel, plus symbolique que didactique.

Le réalisateur, François Provencher, un tendre à la volonté disciplinée, dirige aussi la chorale *V'là l'bon vent*, ensemble flamboyant qui connaît beaucoup de succès. Lui et son adjoint, Gilles Julien, dont la sœur, Lise, est une amie depuis la rue Lévis, m'invitent à me joindre au groupe vocal pour l'enregistrement de ma chanson *Merci*. Les répétitions et les représentations de cette chorale populaire m'apportent un sain divertissement ; j'y rencontre des jeunes gens pleins de dynamisme, au contact stimulant.

Voyageant moins, je dispose de plus de temps. Tandis que j'écris « mais mon cœur, ils ne pourront jamais l'étatiser », je termine certaines œuvres de commande pour des organismes de jeunesse ou autres. C'est ainsi que, quelque temps auparavant, à la demande de monsieur Lelièvre — homme de culture qui soutenait aussi plusieurs causes —, son fils Sylvain et moi avions « commis » une chanson thématique pour le mouvement Lacordaire (les AA québécois de l'époque). Plus tard, nous nous amuserons de la naïveté de l'essai, heureusement relégué aux oubliettes.

« C'est pas facile d'avoir vingt ans, c'est plus mêlant qu'avant »... Sylvain Lelièvre, l'auteur de cette célèbre chanson avait justement vingt ans. Et cela paraissait en effet plus facile, de la façon toute sereine, fougueuse et confiante avec laquelle il les portait. Nous nous retrouvions parfois, avec sa douce et jolie fiancée, Monique, autour du piano. Le clavier au bout des doigts, la voix qui dépose sur chaque mot la juste émotion. Déjà honoré au prestigieux concours de la « chanson canadienne », Sylvain était à l'aube d'un long cheminement qui allait être couronné par le succès que l'on sait.

Ciné-clubs, conférences et activités littéraires dans le quartier latin, spectacles, chansons, notre vie d'oblate baignait dans un climat culturel. Nous côtoyions des couples jeunes, vivions de près leur idéaux de cœur. Comme nos amis laïques, nous sentions intuitivement que le monde changerait et que nous en étions partie prenante.

La jeunesse chrétienne, encore pratiquante, se délestait graduellement du poids de ses anciennes inhibitions, déterminée vivre une spiritualité authentique, sans renoncer au plaisir charnel. D'anciens tabous se désagrégeaient. À la grande satisfaction de tous.

Dans ce contexte, la proximité de jeunes gens qui rayonnaient de leur ferveur amoureuse, l'amour dans ses débuts, quand il est encore plein de promesses, pouvait constituer un défi. De quoi susciter des envies, rendre fragiles nos certitudes, pourtant...

Lorsque je reviens d'une visite au petit sanctuaire Sacré-Cœur-de-Montmartre, à Sillery, mon cœur est rempli de joie. Rien ne me manque. Les couleurs et les sons environnants, les visages de la rue, les contradictions mêmes de la ville, tout prend langage d'unité, tout est force et paix.

Il a suffi de quelques minutes en Sa présence. Rencontre intime de l'âme avec son Créateur. Tout le reste est éphémère. Est-il quelque chose qui dure ici-bas ?

Au milieu de la nuit, descendre au salon du rez-de-chaussée, que des portes isolent parfaitement. Une mélodie fredonnée à voix basse, un cri retenu. J'enregistre.

Que j'espère ce jour
Où je pourrai Te voir
Sans ombre sans espoir
Mais présent pour toujours

Que j'espère cet espace
Sans soir et sans matin
Où n'aurai plus besoin
De rires ni de larmes

Mon cœur qui aura tant tourné
Et tant tourbillonné
Amoureux d'illusions
Mon cœur, pauvre puits assoiffé
Connaîtra Ton été
Et boira sans passion

Mes mains, mes deux mains de la terre
Qui ont eu froid et faim
Et touché la misère

Mes mains n'en croiront pas leurs doigts
Quand Tu t'approcheras et les réchaufferas

Ma tête lasse, abandonnée
Fatiguée de chercher et de Te chercher
Ma tête, Tu la secoueras
Pour lui dire « Vois, l'éternité, c'est ça »

Et je pleurerai de joie
Ce jour, vidée de moi,
Toute-puissance, Toi,
Tu me posséderas.

∽∘∾

J'ai apporté cette dernière chanson et quelques autres à Gilles Vigneault. Il me donnera un avis, un conseil, un encouragement peut-être ?

Il me reçoit dans son salon encore empreint de l'ambiance de Noël. « On garde la crèche pour les enfants, me dit-il. Une tradition à leur transmettre ».

Je suis impressionnée par le personnage. Un ruisseau jaseur. Ses images, telles des arabesques, dansent devant moi, et ses gestes, comme de grands oiseaux battant l'air, s'accordent à la beauté du verbe. On l'écouterait pendant des heures !

Je me sentais privilégiée, car les « vrais poètes », habituellement, sont décédés ou fichés dans les livres. Tandis que j'avais là, devant moi, l'un de nos plus grands. Contemporain. Diablement vivant.

Monsieur Vigneault regarde mes textes, souligne ici une faiblesse, là un manque de rigueur, avant de trancher : « Vous avez des choses à dire. Mais vous en aurez davantage. Il vous faut donc des outils. » M'exercer à la versification, enrichir mon vocabulaire et travailler, travailler. Chaque jour. Discipline incontournable. Et il me fait cadeau d'un de ses dictionnaires de rimes.

Dehors l'air est frais. La neige borde la ville illuminée des restes de la fête. La nouvelle année vient de commencer. Je rentre, des devoirs sous le bras.

CHAPITRE 17

Un bel effort. Pendant près de deux mois, tôt le matin, je dévale l'escalier du sous-sol, mon dictionnaire de rimes à la main. Sous l'éclairage d'une ampoule au halo blanchâtre décourageant toute distraction, j'apprivoise les vers, découvre les subtilités de leur musique, les temps de respiration, les caprices de la forme et m'aventure avec plaisir dans l'écriture de sonnets, de villanelles, de rondeaux… Je m'étonne et me félicite d'une discipline à laquelle je ne me serais pas crue capable de m'astreindre.

Je lis Hugo, Ronsard, Verlaine, Rimbaud. La musique du vers me séduit, tout comme l'exigence du mot juste, sa correspondance exacte avec la pensée. J'assiste à la métamorphose de mes essais qui deviennent poèmes chantants et fluides, à la faveur du « cent fois sur le métier… » Des chansons naissent, teintées de nouvelles couleurs…

Combien de fois le monde verra la nuit
Pour les quelques secondes où je m'enfuis
Encore un jour à boire
Une autre nuit
Et passe mon histoire…

Impossible cependant de retoucher les chansons déjà écrites. Paresse ? Impatience de faire du neuf ?

Une trêve entre les enfilades d'alexandrins. La dernière messe du dimanche midi m'inspire une caricature. Les hommes bâillant pendant le sermon, les dames chapeautées, chapelet à la main, détaillant la toilette de leurs voisines…

> *Le spectacle est commencé*
> *Il est déjà midi passé*
> *Y a pas d'quoi se désoler*
> *Ce sera plus vite passé*
>
> *[…]*
>
> *Le spectacle va s'terminer*
> *La bénédiction donnée*
> *Possède un effet magique*
> *Pour une sortie automatique*
>
> *La foule s'écrase les pieds*
> *Qui sortira le premier*
> *L'auto qui est stationnée*
> *Et le dimanche à passer…*

Après des semaines de fréquentation avec les poètes d'un autre âge, et d'immersion dans une écriture régie par les règles et les normes, je sors de ma cache, comme un ours part à la recherche de nourriture. Me voilà toute disposée à retrouver le public. Des engagements avaient été remis, mon horaire décalé… Autant de liens à retisser. Reprendre la route et le contact avec les gens.

Mes dernières créations sont bien accueillies. Touches d'humour efficaces, expression de sentiments universels, d'états d'âme plus nuancés, plus complexes.

J'ai parcouru des bouts de chemin
Moitié de hasard, moitié de destin
À travers la vie, à travers la nuit
Visage inquiet, visage qui sourit
Pour voir l'aurore au bout du chemin...

J'ai fait des rêves sans m'endormir
Et des voyages sans jamais partir
Le bout du monde n'était pas si loin...

J'ai fait des larmes à retenir
En cas d'amour qui ne puisse guérir
J'ai fait de l'âge à mes jours incertains...

À travers les images, une véhémence contenue, des mots de tendresse ou d'espoir et, ici et là, des couleurs de nuit.

Moins d'évidence heureuse. Comme soudain, sur une route, on perd le guide de vue. Il faut avancer à tâtons, se fier à l'intuition. L'absence inattendue d'une certitude rassurante. On la croyait là pour toujours. On s'y était habitué.

Devant la fenêtre de ma chambre, les arbres ploient, gémissent, se relèvent dans un étrange ballet orchestré par le vent. Indifférents à mes appels à l'aide. Un disque de Félix répète, et ce n'est guère encourageant : « On est comme des algues... » Jouer une pièce de guitare classique. Musique thérapeutique. Je me sens mieux.

Déjà trois lettres de cet abbé, professeur revu après un concert pour ses étudiants. Des réflexions d'ordre spirituel, une attention délicate à l'égard de mon épa-nouissement personnel et de mon travail. Encouragée par la qualité d'écoute de cet homme éminemment discret et de grande culture, penseur, philosophe, ami des arts, je m'étais laissée aller à lui faire des confidences, me surprenant moi-même de propos qui révélaient un malaise, une fatigue de source imprécise. Peut-être n'était-ce qu'une accumulation de petites blessures insignifiantes ? Je me sentais peu soutenue par mes compagnes. Un corps étranger au milieu de personnes « organisées », à la vie si bien structurée, tandis que moi... De certaines, il me semblait entendre : Ce n'est pas parce qu'elle est une artiste qu'elle est différente de nous ! » Mais tout cela était secondaire. Quelque chose d'autre, d'existentiel, me préoccupait, creusait des attentes.

L'agréable sensation d'être comprise ! Il avait mis un baume sur mon cœur. Nos conversations se nourrissaient de références poétiques, littéraires ou artistiques et aussi d'échanges sur le sens de la vie, de la foi et de la fidélité à Dieu. Elles nous rapprochaient. Nous plaçaient sur une longueur d'ondes, plus menaçante que l'attrait physique.

L'expérience me rappelait un jeune prêtre séculier, dans une région où j'allais souvent chanter, bien différent celui-là, moins intellectuel, plus physique, justement, un musicien au tempérament ardent, en présence duquel je me sentais... trop bien. Mais j'étais alors plus solide et il m'avait été facile de rompre le contact.

Vais-je accepter l'invitation de celui qui m'écrit : « Au camp d'été que je dirige, il y aurait un petit chalet disponible pour vous. Pour retrouver la paix de votre âme, quoi de mieux que le silence de la nature ? » La perspective est séduisante : le grand air, la forêt, seule avec ma guitare, de bien belles chansons en perspective ! Je veux bien. Mais la *nature* me tenait un tout autre langage… Quelle étrange paix, en effet, que celle qui vous trouble rien qu'à l'évoquer !

J'optai pour des vacances en Gaspésie, à l'autre bout de la province.

∞∞

Vidée de ses occupants, la maison de retraite de Cap Noir, dans la baie des Chaleurs, est sous la gouverne d'une oblate, Suzanne Robichaud, qui m'accueille comme une parente dont on espère depuis longtemps la visite : « Viens écrire ou te reposer, enfin, ce que tu voudras, mais viens, tu adoreras ce pays », m'avait-elle dit après mon spectacle à Caplan, la municipalité voisine.

Une douceur ronde dans sa voix. Un peu ronde de corps également, la discrétion et la délicatesse imprégnaient jusqu'à son physique aux attaches fines, à la démarche souple et silencieuse. Un état de bien-être se dégageait de cette fille qui parlait en détachant nettement les mots, avec un sourire où on pouvait lire son cœur. Quand elle prend ma valise et me souhaite la bienvenue, je sais que j'ai pris la bonne décision.

Elle éclate de rire en m'invitant à entrer dans la suite réservée à l'évêque :

— Ne t'en fais pas, tu ne deviendras pas orgueilleuse pour autant ! Tu pourras travailler ici, cette pièce ne sert actuellement à personne.

Par les hautes fenêtres, on voit le soleil descendre sur le mont Carleton. Je vais aimer cet endroit.

D'où nous sommes, sur la colline (décidément les maisons de retraites ont une prédilection pour les hauteurs), on voit la mer qui s'allonge d'un côté, en bas. La plage n'est pas loin, que l'on rejoint par une pente rocailleuse, au-delà du boisé de conifères et de la voie ferrée.

On s'y retrouve dans la tiédeur des fins de journée de juillet. Un feu, parfois des chansonnettes avec des amies du village, ou bien le silence, en longeant la ligne de l'eau, pieds nus. Lorsque nous remontons, le soleil agonise avec extravagance, dans sa prodigalité coutumière.

J'ai une clé pour rentrer à l'heure qui me convient. Pas pour aller au village. Qu'y ferais-je ? Pour aller marcher, le soir, sur le terrain désert qui entoure la maison, sous la coupole d'un ciel piqué d'étoiles à en donner le vertige. Pour voir la lune sortir en grande pompe sur le manteau sombre de la baie où, la nuit, elle cisaille des chemins étincelants, et les lumières des bateaux ne sont plus alors que d'humbles lucioles oscillant sur les plis de l'eau.

Je crie intérieurement des odes au ciel moutonneux où l'astre dérive ; chaque nuage qui le voile rappelle la fragilité de notre existence, pas plus longue qu'un jet de lune sur la mer...

Trois semaines découpées en portions d'heures de travail, entrecoupées de plongées dans la nature gaspésienne. Je prends mon oxygène dans un sous-bois odorant où je vais souvent méditer ou dans des conversations pleines de rires avec Suzanne et des compagnes de passage.

Les nouvelles de l'extérieur sont rares. Mais on ne les cherche pas. Une lettre de Sylvain, toutefois, m'incitant à avoir confiance en moi, vient résonner comme une belle note d'amitié dans mon éloignement volontaire.

Du temps pour écrire, du temps aussi pour réfléchir. Je regarde en arrière : comme mes dix-huit ans paraissent loin ! J'étais alors, me semble-t-il, une autre personne. Les désirs et les élans de cet âge se sont transmués en aspirations d'une autre dimension. Ma conscience s'est ouverte, est devenue plus « consciente ». À mes préoccupations d'ordre métaphysique s'est greffée une inquiétude humaniste. Le monde est entré dans le champ de ma pensée. Plus rien n'est aussi léger qu'avant.

Sur un fond de sérénité, cependant, il est un lieu de tranquillité auquel j'accède encore par la prière et le silence. L'acte d'amour de mon premier engagement est toujours attisé, mais la flamme se fait plus discrète. Parfois, un goût étrange me vient à l'âme, je crains de lui donner un nom : tiédeur. Je m'en culpabilise. Je voudrais brûler, mais je ne fais que continuer...

Les ermites, les grands saints, les êtres qui évoluent entre les murs protecteurs des cloîtres savent qu'ils vont sortir vainqueurs, renforcés, d'une zone identifiée comme « épreuve », « sécheresse temporaire », « nuit spirituelle ». Proches de la Source, loin des influences extérieures, ils baignent dans l'Essence qui les sauve. Ces individus réussissent souvent mieux que bien des gens du monde à se construire un équilibre et un bonheur durables. Claire, mon ancienne compagne étudiante, toujours clarisse, avec qui j'ai gardé contact au fil des ans, semble bien en donner la preuve. Nous, nous évoluions à l'air libre, en contact direct avec les éléments perturbateurs. Nos racines devaient être bien nourries, dans une terre sans cesse enrichie, renouvelée. Sinon...

Je regarde aller mon hôtesse, Suzanne. Ses racines sont bien ancrées. Une étonnante force intérieure habite cette fille douce. Quand le hasard me remettra sur sa route, des années plus tard, je la retrouverai inchangée, heureuse dans sa vie d'oblate.

Me suis-je éloignée du sens réel de ma vocation ? Suis-je toujours habitée par cet esprit d'obéissance rattaché à mes vœux ? Pourquoi cette réflexion, récemment : « C'est à Dieu que je me suis donnée, pas à l'Institut ! » Qu'est-ce qui était en train de changer ?

Sans avoir trouvé de réponses à mes questions, j'ai quitté Cap-Noir en promettant à mon amie de revenir l'année suivante. J'emportais trois nouvelles compositions. Une jolie ballade intitulée *Coucher de soleil* ; une musique et un texte déclarant :

Amour, tu n'es pas ce frisson
Ce regard polisson
Ni les mille autres noms
Que te font les chansons...
[...]

Un arc-en-ciel venu
Comme un pont suspendu
Sur deux rives perdues
Qui ne se voyaient plus
[...]

Vers toi, Terre promise
Tous les peuples tournés
Meurent comme Moïse
Sans t'avoir discerné...
Tu n'es pas ce frisson...

Et *Identité*. Des couplets au débit rapide. Allusion à tous les « isme » à la mode et une fin qui allait, semble-t-il, rester indéfiniment d'actualité...

Entre les cancans
La pluie et le beau temps
Je m'grandis, d'temps en temps
Je m'rapetisse, d'temps en temps

J'm'habitue un peu
À m'promener entre deux
Révolté ou peureux
Moitié rouge, moitié bleu

Moitié anglais, moitié français
Moitié fort, moitié mort,
Moitié qui bouge, moitié qu'on bouge
« Moitié » y aller, « moitié » rester ?

Si j'y vais, je m'en repens
Si je reste, c'est gênant
À fouiller dans mes idées
J'finirai p't-être par m'retrouver !

∽○∾

Le père Poirier m'a apporté le disque qui est sorti en France. « Je le croirai quand je le verrai », m'étais-je dit lorsqu'il m'avait annoncé la grande nouvelle « encore à confirmer ».

C'était donc vrai ! Les studios SM de Paris venaient de mettre sur le marché dix chansons choisies parmi celles des disques *Compagnon* et *Route claire*. Devant moi, s'étalaient des exemplaires de magazines, des coupures de presse, des articles, des entrefilets... Les propos étaient dithyrambiques !

Cela me faisait tout drôle de voir mon nom sur une page de la revue *Music-Hall*, et plus encore d'y lire : « La dernière surprise de nos amis canadiens... Une voix d'or qui chante avec enthousiasme la joie de vivre... »

La revue *Télérama*, quant à elle, n'y allait pas par quatre chemins : « Une révélation, disons-le tout net [...] une voix limpide et ferme, d'une force de persuasion exceptionnelle. »

Plus tard, *La chanson française contemporaine* (Belgique) ne ménagera pas son appréciation de la « chanteuse canadienne douée d'une voix ravissante, d'un sens musical inné, d'un réel don d'expression poétique ».

Ces réactions, je les avais entendues de gens qui possédaient mes disques ou assistaient à mes récitals, mais je ne me souviens pas de tels commentaires dans les grands quotidiens — à l'exception de certains médias régionaux. Le Québec vivait sa période post-religieuse, c'était tout dire.

En France, ce besoin de prendre une certaine distance avec le passé n'existait pas. Chez nous, cela ressemblera longtemps à un complexe indélogeable, sclérosant, proche de la névrose collective, interdisant toute objectivité.

Il ne me viendra pas à l'idée d'exploiter le filon outre-frontière. Mon style n'est plus tout à fait le même, la voix est plus près du médium, et les thèmes alternent entre poésie et satire sociale.

Faudrait-il revenir au point de départ ? Rester dans le même sillage, exploiter « ce qui marche » jusqu'à m'imiter moi-même ? En ces années d'authenticité, de vérité toute nue à débusquer, il ne faut pas y compter.

Perfectionniste, mais peu arriviste de nature, je colle parfaitement à la mentalité « anti-succès commercial » qui a cours et donne à l'ambition personnelle une connotation bourgeoise.

Le père Poirier, respectueux de mon évolution, insiste seulement sur l'importance de préparer mon prochain disque.

— Attention au danger de trop retarder, Jacqueline, me prévient-il. Le public n'entretiendra pas nécessairement le lien, si vous ne le faites pas vous-même.

— Dans peu de temps, lui dis-je. C'est promis. Pour le moment, je continue à améliorer mon écriture.

Il sourit, patient. Comment s'élever contre de si bonnes intentions ?

Je suis attentive à l'actualité, à l'effervescence de la vie autour de moi.

Parfois avec le sourire, souvent avec inquiétude, rarement emballée, je m'intéresse aux batailles d'idées, qu'elles soient de gauche ou de droite. Je m'étonne de la facilité qu'ont les gens à s'agglutiner autour de conceptions « bien vues ». C'est le nouveau conformisme des élites. Comme je déplore, à l'opposé, la tendance atavique à ne pas s'écarter des normes établies, refuges étroits, sclérosants.

Le siècle passe, rapide, complexe, chargé de leçons et d'épreuves.

À Montréal et à Québec, premières manifestations du FLQ. Des mots de liberté sont compromis par le souffle haineux qui les porte. Paradoxes.

L'automne vente à plein régime derrière nos fenêtres, reprenant la plainte du monde qui vit des heures sombres.

Un matin de novembre, à la une des journaux, l'assassinat de John F. Kennedy. Tout s'écroule.

La fin d'un rêve. Cet homme au charisme inégalé — dont l'image sera réajustée par l'histoire contemporaine —, suscitait plus que de l'admiration, presque de la vénération. Incarnant la jeunesse et le courage politique, sa seule force de rayonnement permettait tous les espoirs. Sous la voilette transparente, sa jeune veuve, le petit John John à ses côtés, soulève une sympathie à l'échelle de la planète.

L'émoi, le traumatisme provoqués par l'événement, alimentent pendant plusieurs jours toutes les conversations. Les préoccupations personnelles s'évanouissaient devant l'ampleur de la « catastrophe » qui nous faisait soudainement solidaires, autour d'une même émotion, d'un même chagrin.

CHAPITRE 18

La voix au joli timbre du chanteur qui s'accompagne à la guitare contraste avec celle du causeur, caustique, mordante. Sa chanson parle pourtant d'amour. L'universel. L'humain. Le tendre.

« Quelle agréable surprise, le prof André chante ! » avais-je dit. « Pas sérieusement », rectifia-t-il avec une humilité qui tranchait avec la superbe de ses réquisitoires contre les bourgeois, le machiavélisme des gens de pouvoir, les haut gradés du monde. Au passage, étaient égratignés quelques ecclésiastiques.

Le professeur d'histoire de l'art et de littérature à l'Université Laval cédait la place à l'ami dès qu'il se retrouvait dans notre salon, avec Germaine, Monique, Sylvain et quelques autres. Nous discutions idées, poésie et chanson.

« Tu devrais faire des études classiques », m'avait suggéré un jour Marianne. Beaucoup d'oblates profitaient, en effet, de la vision généreuse du père Parent, qui voulait que « ses filles » étudient. « Car, disait-il, si elles quittent un jour l'Institut, avec ce bagage et leur formation spirituelle, elles apporteront une contribution de valeur à la société. »

Sans doute inspirée par le conseil de ma camarade, je m'étais inscrite aux cours du soir donnés par André, professeur à l'allure décontractée qui nous inoculait de sa science avec beaucoup de passion et une verve pleine d'humour. Assis sur le coin de son bureau, portant de temps à autre à ses lèvres une cigarette, il nous guidait avec un talent inégalé dans l'univers des auteurs. Nous apprenions que Malraux et Camus auraient bien pu être tentés par le christianisme. Sarcastique, parfois même cynique, il pulvérisait les prétentions et la vanité des pharisiens de tout acabit, avec des références à la parole et au témoignage du Christ auquel on le sent attaché.

Ils étaient nombreux à cette époque, les intellectuels catholiques sur la ligne de feu de la contestation ; de la même cuvée que les abbés chroniqueurs Dion et O'Neill, dont les prises de position dans les journaux ne ménagaient rien ni personne.

Si le style imagé de notre ami professeur se fait souvent acerbe, sa flamme intérieure nous rejoint, nous trouve au même diapason.

Mon tour est venu de prendre la guitare. Des chansons aux teintes chaudes des jours passés en Gaspésie, puis une dernière création. Quatre longs couplets qui n'en finissent plus d'exprimer leur soif d'absolu…

Avoir les bras des arbres longs
Avoir les pieds des sables blonds
Et le chemin des eaux sans fond

Avoir les cheveux du désert
Faits de tous les vents de la terre
Et l'esprit grand comme les airs

Trouver la cime de l'aiglon
Avoir la voix du violon
Qui vibrerait jusqu'à Ton nom

Avoir passage pour mes pas
Au plus fin du dernier détroit
Pour que j'arrive jusqu'à Toi

J'ai la nostalgie de Ton nom, de Ta voix
Et de ce pays que jamais je ne vois...

Dans la nef vide de l'église Saint-Sacrement, le silence était sans écho. Des rais de lumière glissaient sur les bancs vides. Je ne sais combien de temps avait passé. Je n'écrivais pas. J'aurais voulu faire éclater mon chant sous ces voûtes, du fond de mon âme en silence. Lui dire que mon cœur le cherche sans relâche, en dehors de toute dimension. Et que je ne vois pas quand cela pourra finir.

En réintégrant ma chambre, je n'ai eu qu'à laisser le texte se dire sur la progression des accords :

Avoir l'oreille des rochers
Qui entendent sans les chercher
Des mots qui resteront cachés

Tenir dans ma main un instant
Un seul comme un oiseau tremblant
Ne pas l'échapper dans le temps

Avoir la douceur des nuages
Ou la violence de l'orage
Mais enfin trouver un langage

Entre deux battements de cœur
Entre le courage et la peur
Éterniser ce qui s'y meurt

J'ai la nostalgie en moi d'un horizon
Passé ce pays de fer et de raison
[...]

Visiblement touchés, mes amis ne sont pas pour autant étonnés par les paroles de cette chanson. L'un d'eux ne m'a-t-il pas déclaré un jour, alors que je revenais de la messe : « Tu rayonnes Jacqueline. Dans des moments comme celui-ci on ne peut douter de cette beauté que tu as rencontrée. » Son ton trahissait presque son envie. Moi aussi j'aurais bien aimé que cet état soit permanent. Qui ne le voudrait pas ? Et qu'il éclaire le reste de mon chemin.

∽○∽

Françoise-Lise a débarqué comme une extraterrestre apportant un message à décoder. Près de la distributrice de boissons gazeuses, entre deux cours, elle m'apprit dans le même souffle, qu'elle n'était pas réelle, qu'elle était plutôt un esprit, que son actuelle existence n'était en fait que le corollaire, la justification de sa précédente réincarnation !

Au groupe déjà marginal que nous formions, allait se joindre cette menue jeune fille de vingt ans, poète, d'une sensibilité à fleur de peau et à l'intelligence séduisante, qui apparaissait parfois dans une élégante robe fourreau, gantée jusqu'aux coudes et coiffée à la Garbo.

Elle nous raccompagnait après les cours, Germaine et moi, dans la voiture de son père, traînant toujours sa serviette brune en cuir qui contenait ses poèmes. Comme elle habitait loin, le divan du salon était réquisitionné pour notre invitée lorsque nos échanges littéraires et nos interminables conversations philosophiques le commandaient. Son père récupérerait alors sa voiture le lendemain.

Il n'existait ni temps ni espace pour Françoise-Lise, qui s'imposa vite comme une amie de tous les jours. Elle disait être un fantôme et c'était tentant de la croire. Négligeant de s'alimenter, se levant fraîche comme une rose après seulement quelques heures de sommeil, rien de ce qui appartenait au commun des mortels ne semblait la concerner. Si jolie qu'elle fût — des traits fins et réguliers, des yeux bleus comme le fleuve des après-midi d'été, la silhouette harmonieuse —, c'était à se demander si son apparence extérieure lui était vraiment indispensable. La pâleur de son teint démontrait, en outre, une santé chancelante. Elle venait à l'université en dépit de l'ordonnance d'un oncle médecin qui lui avait prescrit six mois de repos ferme, au lit.

Françoise-Lise reprendra toutes ses forces en m'accompagnant dans mes tournées du printemps à titre d'assistante-secrétaire. Des occupations et des déplacements « physiques » qui favoriseront son retour « sur terre ». Dotée de dispositions naturelles pour le monde de la scène, avec un sens pratique qui partait, cependant, de zéro, sa vie la conduira tout naturellement à la gérance d'artistes.

Je la taquine en la traitant de « païenne ». Ses réflexions concernant la « charité », vocable qu'elle exècre, car elle l'associe à l'hypocrisie ; son individualisme foncier, que je critique, sont autant de sujets à de passionnants échanges agrémentés de mots d'esprit, de métaphores, de pensées et de réflexions profondes.

Pas si « païenne » pourtant, notre amie, puisqu'elle décide de tenter l'incomparable aventure spirituelle de la retraite de saint Ignace — formule abrégée — avec le professeur André, Sylvain, Monique, moi-même et quelques autres.

Un édifice sur les plaines. Quelques dizaines de retraitants, laïcs et religieux. Cinq jours d'immersion totale dans le silence. Le silence que l'on amène avec soi dans sa chambre la nuit, dehors, en marchant, à la chapelle, le matin, en mangeant, le midi. Françoise-Lise et moi, qui d'ordinaire n'arrêtions pas de parler, le respectons à la lettre.

Les conférenciers nous en servaient des vertes et des pas mûres sur les théories du saint homme. La purification par l'abrasif ! Le sens de l'enfer ! Fallait imaginer ! Trouver la signification cachée derrière le discours austère et sans pitié pour la pauvre faiblesse humaine. En comparaison, les 5-5-5 du père Parent étaient de la médecine douce !

Pourquoi cette plongée mystique si aride, nous qui aimions rire et discourir autour d'un café et d'une chanson, osant explorer toutes sortes d'avenues pour expliquer le destin et la condition de l'homme ?

Sans doute pour redécouvrir, dans le dénuement intérieur, la source, l'eau réelle. La Grâce, peut-être.

Je nous vois encore dans la cour extérieure, le dernier matin, alors que nous revenons à la vie du monde, sous le soleil bien concret... La parole se remet doucement en marche... Nous pesons nos mots ; le ton est serein, chaque parole inutile aussitôt décelée. Je me souviens parfaitement de cette joie douce qui était alors sur nos visages.

∽∾

Il a fallu changer d'autobus à deux reprises. Cette municipalité est loin des grands centres. Le récital n'a lieu que demain, mais je dois rencontrer les responsables de l'organisation du spectacle. Sans doute, va-t-on me demander de chanter, « rien que pour nous », quelques chansons. Comme un avant-goût du concert. Une petite primeur, en quelque sorte. Ce sera difficile de refuser. Tous les artistes connaissent ce genre de situation embarrassante.

La campagne recule devant les premières maisons d'un grand village aux rues très animées en ce vendredi après-midi... Quelques minutes encore, avant l'arrêt au terminus. Le temps de lire une autre page...

Pendant les mois de septembre et d'octobre, la peste garda la ville repliée sous elle. Puisqu'il s'agissait de piétinement, plusieurs centaines de milliers d'hommes piétinèrent encore, pendant des semaines qui n'en finissaient pas...

Depuis que j'ai commencé ce livre, je fais de la bilocation. J'ai l'air, comme ça, d'une chanteuse voyageant avec sa guitare mais, en réalité, j'erre depuis des heures dans la brume, la chaleur ou sous la pluie, mêlée à la foule, dans une ville aux prises avec une abominable épidémie. L'auteur me talonne, me fait témoin, complice, ne me laisse aucun répit.

— Vous ne deviez pas descendre ici ?

La voix du chauffeur m'extrait du monde de Camus. Vite, ma guitare, les bagages... Mon hôtesse est là, souriante, soulagée. « On ne sait jamais avec les artistes, s'est-elle peut-être dit comme je tardais à paraître. Ils sont capables d'oublier la date du concert... »

Essais techniques dans la salle. Rencontre avec un représentant du journal local. Souper avec les connaissances et les amis de mes hôtes. Avant de dormir, retrouver le romancier philosophe...

> *Rieux se redressa et dit [...] «qu'il n'y a pas de honte à préférer le bonheur — Oui, dit Rambert, mais il peut y avoir de la honte à être heureux tout seul... »*

Le lendemain, sur la scène, j'évolue sur deux plans à la fois, allant de mes chansons tantôt douces, tantôt rythmées, au drame de la multitude soumise à l'effroyable sort, où s'interroge un médecin dépassé — écartelé entre sa conscience et le dévouement démesuré que réclame la folie de ce malheur collectif.

> *Tarrou [...] fit remarquer que si Rambert voulait partager le malheur des hommes, il n'aurait plus jamais de temps pour le bonheur. Il fallait choisir...*

Des lignes d'une saisissante lucidité. Et tant d'autres qui contrastent avec la sérénité souriante de mes chansons. Là où je m'obstinais à voir la lumière malgré l'apparente absurdité de l'existence, l'écrivain ne voyait qu'un univers sans justification, suggérant, sans se faire d'illusion, que le salut viendrait peut-être de la lutte pour l'amour des autres humains.

Alors que je plaçais mes interrogations sous l'éclairage de l'existence de Dieu, le philosophe décrivait un monde vide, stupide, avec une « voix » d'une sensibilité poignante. Je n'en finissais pas de traverser cette œuvre empreinte de la vision sombre de son auteur sur la condition humaine ; vision jamais dénuée de tendresse cependant.

Déclinant les invitations à poursuivre mon séjour, je rentre rapidement. Les nouvelles de ma famille sont mauvaises.

∽∘∾

La fumée de la mine s'échappe mollement des cheminées et rejoint les cumulus qui dérivent depuis le ciel de l'Ontario.

Rouyn-Sud, où j'ai grandi, n'a pas beaucoup changé. Porte d'entrée de la ville, son décor asymétrique semble avoir gardé l'empreinte des squatters. Plus loin, la paroisse voisine, Saint-Michel, fait la fière avec son église en haut de la colline et son air de dire : « Regardez-moi ! » Quant à Noranda, la jumelle qui parle anglais, on n'y a jamais vu, quand nous étions enfants, que des maisons cossues et muettes, et des pelouses lisses comme des terrains de golf.

À ma dernière visite, le soleil tentait de timides rapprochements avec la pierre, et les arbrisseaux bruissaient des bourdonnements d'insectes et de chants d'oiseaux arrivés pour la courte saison. Comme à l'accoutumée, je m'étais assise sur l'une de ces roches lisses et arrondies, que l'on voit derrière les maisons, croyant entendre mon frère Marcel : « Les glaciers sont passés juste ici, regarde la marque des strates. Chaque époque nous parle... »

De ce promontoire naturel, on englobe d'un seul regard la ville et ses environs. On se sent bien. Au-delà de la ligne d'horizon, ce ne sont pas des métropoles bruyantes et asthmatiques, mais des forêts à perte de vue ornées de chapelets de lacs, paradis d'ours noirs, de perdrix, de chevreuils et d'orignaux. Il y avait aussi, à une époque, les grands « brûlés », où les familles allaient à la cueillette des bleuets, en août. Un gros panier : 4,50 $. Il fallait travailler fort, sans compter les piqûres de taons, d'abeilles et de moustiques de toutes sortes. Courbatures assurées.

Aujourd'hui, je n'irais m'asseoir nulle part. La ville s'est réveillée sous une bordée de neige. Rues assourdies, ruelles ramenées à la dimension de sentiers de trappeurs. Une chape blanche s'est laissée choir sur le monde, étouffant les sons, ralentissant tout mouvement.

Mon cœur bat à ce même rythme. Sans enthousiasme. Le froid du dehors n'est que littérature en comparaison de la triste réalité qui m'amène chez mes parents. Chacun est inquiet. Papa croit qu'il va guérir. C'est souvent comme ça : celui qui a le plus d'espoir est le condamné lui-même. Je lui ai rendu visite à Montréal, où il tentait une cure miracle — médecine douce avant la lettre — qui n'y fit rien. Il goûte autant qu'il le peut ce qu'il avale, c'est-à-dire ce que son état lui permet de manger. Il ne se plaint pas, ne s'est jamais plaint. Amaigri, l'iris plus pâle que jamais, le visage émacié, il grille une cigarette qu'il a pris plaisir à rouler, lentement, en étirant le temps. Personne n'évoque l'échéance. Lui, il dit qu'il veut voir le printemps. Son désir sera exaucé à moitié : il nous quittera au beau milieu du mois de mai.

Je regarde ma mère verser le thé, mettre les pommes de terre au feu. Le courage et le travail ont marqué l'existence entière de mes parents. Mon père, qui n'a pas eu le privilège de faire les mêmes études que son frère avocat, a dû gagner sa vie et celle des siens à faire cent métiers, avec quelques constantes dans l'agriculture. Il aurait été plus à sa place dans un domaine intellectuel ou artistique.

Pour eux, l'accomplissement, c'est d'être arrivés, malgré les difficultés de toutes sortes, à « réussir » leur grande famille. Qui semblait bien finie avant que ne se pointe une onzième enfant... Ma mère me racontait : « Un quêteux faisait le tour des campagnes et visitait les femmes, en l'absence du mari, pour leur proposer des moyens mystérieux et efficaces "d'empêcher la famille". Je n'étais plus forte de santé, j'avais déjà eu dix enfants. Je l'ai laissé parler un moment, j'aurais eu de bonnes raisons... Finalement j'ai montré la porte à ce colporteur et j'ai dit au Bon Dieu : faites donc comme ça vous plaira ! Il m'a écoutée et tu es arrivée... Ça m'apprendra ! » concluait-elle en riant.

Comme bien d'autres, mes parents n'ont jamais connu le luxe, le confort, le plaisir des voyages à l'étranger, les vacances au bord de la mer, conduire une voiture de prix, recevoir au champagne, les grandes sorties « culturelles », les vêtements griffés. Ils ont besogné, donné. Papa aurait-il eu un cancer à l'estomac s'il avait bu des grands vins, fait d'exaltants voyages, dormi dans des lits soyeux jouxtant des salles de bains vastes comme des antichambres ? Bien possible que oui. La justice étant que si le bonheur n'est pas pour tout le monde, le malheur, lui, n'épargne personne !

« Drôle de réflexion pour une fille qui récite ses trois chapelets par jour », doit se dire ma sœur Gisèle, de passage elle aussi à Rouyn. Religieuse dans la même communauté que Marguerite, mais plus stricte que cette dernière sur les principes, elle n'était pas toujours d'accord avec mes prises de position qui lui paraissaient un peu trop libérales. La belle jeune fille des photos de famille, entrée à dix-neuf ans chez les sœurs, devenue professeur émérite, s'était fait auprès de la parenté la réputation d'être un peu trop « religieuse ». Mais, avec les années, nous nous sommes réjouis de la découvrir très humaine, avec son sens de l'humour extraordinaire. Aujourd'hui, Gisèle est notre meilleure conteuse d'histoires.

Dans la cuisine, la conversation dérive sur des sujets légers et nous évoquons la réunion de famille prévue ce soir-là, chez Jean-Claude et Claire. Sans musique cette fois. Le lendemain, nous souperons chez Fabien et Jacqueline, puis suivra un bout de « veillée » avec Marcel et Marie. Nous reçoivent aussi Clément et sa femme Alice, qui va rester au chevet de mon père jusqu'à sa mort. Dans toutes ces rencontres, on dirait une chaîne mystérieuse pour contrer la « chose » qui menace une vie chère. C'est le bon côté, s'il faut en trouver un, au malheur qui nous réunit.

Je profite de moments rares et précieux avec ma sœur Édith. Chaque fois, nous évoquons mes vacances à sa ferme, quand j'avais douze ans. La grande liberté, la course à travers les champs, à cinq heures de l'après-midi, pour aller chercher les vaches à l'orée du petit bois. Édith me tenait de longues conversations d'une grande profondeur, où elle m'expliquait en termes simples sa foi en Dieu. Elle savait rire au milieu d'une occupation à plein temps : celle d'élever ses dix enfants.

Écouter la discrète Thérèse, ma marraine. En général, elle parle peu, il faut en profiter. On ne connaît d'elle que douceur et savoir-faire — sa maison est à son image : légendaire de bon goût. Elle et son mari, Rémi, ont adopté pour l'amour et pour la vie, trois enfants.

Retrouver Yolande. Son teint clair, l'émail de ses yeux noisette. On voudrait toujours être près de sa chaleur. Son rire fait du bien. Une nature trop sensible, qu'on peut rendre heureuse ou peiner dans le même instant, selon nos paroles qu'il faut bien choisir. Yolande est très affectée par l'horrible maladie qui frappe celui qu'elle voit tous les jours — elle habite l'étage au-dessus —, et à qui elle voue une grande affection. « Papa, il ne veut jamais déranger, il craint de nous embêter avec son mal, il arrive à faire encore de l'esprit et à s'enflammer sur la politique, il s'informe des petites... » Ses deux blondes fillettes, Céline et Louise, ne se doutent pas que leur grand-père s'en va. Doucement. Avec sa discrétion habituelle.

∞∞

Dans la cabine du train qui me ramène à Québec, je ne trouve aucune place pour ranger le livre de Camus et ses harcelantes questions. A-t-on le droit d'être heureux tout seul ? Est-ce que je ne fais que cela, cultiver mon bonheur, sans me laisser déranger par la misère de la condition humaine ?

Finalement, j'insère le volume entre la vitre et mon oreiller. La lune court toujours entre les arbres, essayant de nous rattraper. Son disque blanc apparaît puis disparaît, jouant à cache-cache avec les ombres de la forêt.

Sur l'étroite couchette secouée par les hoquets de la locomotive, j'attends en vain le sommeil. Partir en pensée dans la noire beauté qui roule sous ma fenêtre, sauvage, mystérieuse. Conspirer avec ses voix millénaires qui redisent la nécessaire dualité de l'existence : ombre — lumière ; vie — mort ; deux rives d'un même fleuve, deux faces d'une seule réalité.

CHAPITRE 19

L'auditorium Saint-Jean-Eudes de Limoilou est réputé auprès des artistes pour la qualité de son équipement et son ambiance chaleureuse. Louise, une organisatrice-née a pris l'initiative d'y organiser un récital.

Au lever du rideau, un bleu nuit encercle la chanteuse à la guitare. L'étude en mineur de Fernando Sor égrène ses notes claires et mélodieuses dans une salle attentive. Puis les roses, les magenta et les ambre du plein feu éclatent avec la chanson d'ouverture, magnifiée par les arpèges de Gaston Rochon au piano, la musicalité de Johan Van Veen à la flûte traversière et le talent du jeune Vic Angelilo à la basse. À la deuxième chanson, c'est gagné !

La salve des bravos, à la fin du spectacle, est grisante. Une façon relativement nouvelle, au Québec, d'exprimer son contentement. Avant, on applaudissait frénétiquement, mais en silence. Une belle influence de nos cousins d'outre-atlantique. Comme cela viendra pour le pain baguette, les fromages fins et le vin trônant sur la table.

J'avais bénéficié d'une deuxième rencontre avec Gille Vigneault. Très instructive. Des indications relatives à la place stratégique des chansons dans un spectacle ; bien comprendre l'importance d'écrire, à l'avance, des textes de liaison « improvisés »... Il est venu à la répétition et a initié Françoise-Lise aux techniques de base de l'éclairage. Cette dernière, douée, particulièrement sensible aux atmosphères, secondait le soir même, le technicien à la régie.

Le spectacle est original et son contenu suffisamment diversifié pour s'inscrire dans le cadre d'une grande tournée. Mais les agences, tout comme les compagnies de disques et les producteurs, sont à Montréal. Surtout, c'est un monde où toute allusion à quoi que ce soit étant ou ayant été soi-disant religieux, fait rire, fait peur. On ne prendrait pas la peine d'écouter avant de juger.

Qu'à cela ne tienne. Je chante un peu partout. Sans planification, selon les demandes et mes disponibilités. Décors de scène artisanaux, accompagnement à la guitare, dans le plus pur style « chansonnier » — appellation curieusement accolée aux auteurs-compositeurs, alors qu'elle désignait, à l'origine, les chroniqueurs humoristes de la scène parisienne.

Je porte désormais du maquillage pour la scène. Il a fallu du temps. « Tu es belle au naturel, ma fille, pourquoi te peinturlurer ? » m'avait répondu le père Parent, la première fois que j'avais abordé cette question. La vie, la scène, pas de différence ! Par contre, l'achat d'une voiture, avec les revenus de mes spectacles et de mes disques, a semblé aller de soi.

Je sillonne la province en tous sens. De l'auditorium du collège de Lévis à Malartic, en Abitibi ; de celui de Saint-Victor de Beauce à une salle paroissiale des Îles-de-la-Madeleine, en revenant à une boîte à chansons de l'Université Laval ou de Beauport. Puis, on repart pour un concert à Mont-Laurier.

« Le spectacle est terminé... le spectacle est terminé... le spectacle est terminé... » Sur des accords décroissants, la sortie de scène s'accompagne de rires mêlés d'applaudissements : la satire sur la dernière messe du dimanche, a fait mouche.

Au deuxième rappel, reprendre *Identité*, et son propos mordant, ou rechanter *Avoir*...

> *À partir d'une résonance*
> *Que la simple amitié commence*
> *Suivre à la trace Ta présence*
> *Partir sans briser les amarres*
> *Partir sans faire de départ*
> *Seulement me trouver quelque part*
>
> *Partir au bout des mots « j'ai soif »*
> *Briser ce verre que je boive*
> *Enfin une eau qui ne déçoive*
> *Voir sortir de la nuit du monde*
> *Une aube blonde comme une onde*
> *Et à jamais de Toi féconde*
>
> *J'ai la nostalgie d'un voyage sans fin*
> *J'ai la nostalgie d'aller au bout de ma faim.*

À Québec, après mon passage à la boîte Le Cromagnon, la revue *Opinion* s'enthousiasme. Des journaux de province font des comparaisons avec Leclerc,

Blanchet, Vigneault... On apprécie « ces chansons humoristiques, ironiques, réalistes, profondes : tout à fait à notre goût », comme l'écrit, dans *L'attisée* d'Outremont, une étudiante journaliste, qui en remet sur « la voix chaude, vibrante » et la « personnalité dynamique » de la chanteuse.

Pendant quelque temps encore, le titre d'oblate a accompagné mon nom sur les affiches. J'avais suggéré de ne plus l'utiliser, puisque nous nous étions sécularisées davantage et, surtout, l'« étiquette » pouvait rebuter. Ma suggestion ne passa pas. J'obtempérai à contre-cœur.

D'un certain point de vue, on n'avait peut-être pas tort. L'expérience a appris à beaucoup d'artistes qu'il vaut mieux « avoir une image », toujours la même, que de se diluer dans l'ensemble. Le public, comme les chats, n'aime pas être dépaysé, il veut se retrouver dans ses habitudes. Dur, pour un créateur, de s'entrer cela dans la tête !

Dans mon cas, il y avait urgence. Mon répertoire s'était enrichi et évoluait constamment. Les chansons étaient devenues tout, sauf « religieuses ».

L'image. Elle va me rester collée un bout de temps, un peu comme ces franges d'affiches géantes sur les murs des villes que les intempéries, les graffitis et le passage de deux ou trois saisons n'arrivent pas à gommer.

Et quand, plus tard, tout aura changé, ma vie, les gens autour de moi, mes textes et mes musiques, quand je participerai avec bonheur au même spectacle que les populaires Cyniques ; quand je ferai, à répétition, des soirées au Patriote de Montréal, quelques réalisateurs de télévision, évoquant de vagues prétextes, garderont leur idée toute faite.

Il faudra attendre le milieu des années 1970 pour que cette « image » disparaisse définitivement. Étant donné qu'on ne peut évidemment pas être la féministe qui écrit et chante *La moitié du monde est une Femme* et, dans le même temps, être reliée à quelque religiosité que ce soit.

En France, au cours de ces mêmes années, j'irai chanter, à l'invitation de l'Office franco-québécois, devant des représentants du monde politique et culturel, en banlieue de Paris, en présence de la populaire ministre Simone Weil. *Il neige, Le Québécois, Jamais je n'ai reçu de vous...* Le lien s'établit instantanément. Je prends conscience que j'ai une autre « image » pour ces gens et c'est une sensation extraordinaire. Le tour de chant est ovationné. Six représentants régionaux des maisons de la culture signeront sur-le-champ un contrat de tournée dans autant de villes.

Pour le moment, j'ai devant moi un producteur en panne d'argument : « Il faut absolument faire ce deuxième album 33 tours, Jacqueline, me dit le père Poirier, rencontré à Cap-de-la-Madeleine. On a déjà trop attendu... »

La chanteuse est dans une phase de perfectionnisme. Rien n'est assez bon, assez prêt. Il devra se contenter d'un 45 tours de quatre chansons, celles qui sont « à la hauteur » de mes attentes. Trois ballades qu'André Gagnon enveloppera de ses belles harmonies et auxquelles s'ajoutera, dans un autre style, une chanson écrite pour la Jeunesse ouvrière, *Vingt filles, vingt gars*, rythme scandé, texte exprimant l'ardeur et l'espoir qu'inspire cet âge. Ne venais-je pas tout juste de déclarer, dans un long reportage paru dans *Le Soleil* : « Je réalise que mes chansons intéressent surtout les intellectuels. Désormais, je voudrais rejoindre les petites ouvrières d'usine » ?

« Jacqueline, attention, tu es en train de perdre ton identité ! » Une phrase lance-flammes de Germaine. Elle me voit fébrile, ne reconnaît plus la « belle simplicité » qui m'a si longtemps caractérisée.

Je n'ose descendre en moi pour voir ce qui s'y passe. Écartelée entre la nécessaire continuité de l'approfondissement spirituel, qui exigerait pauses, méditation et prière, et tout ce qui se greffe autour de mon métier d'auteure-compositeure-interprète, il n'y a pas que les appels du père Poirier qui restent vains...

Ma sœur Gisèle m'écrit et me demande sur quelle planète je vis pour qu'une lettre d'elle soit demeurée pendant trois mois sans réponse. Quand mon père mourra, j'arriverai trop tard, ayant mal planifié le voyage. Retardée par quelque obligation du métier. Je ne me le pardonnerai jamais.

Alors que, sur scène, en communion avec le public, je m'exprime et m'épanouis, à l'intérieur de moi plus rien n'est limpide.

Dans la chapelle du rez-de-chaussée, je liquide une frustration liée à l'attitude irritante d'une compagne, tente d'atteindre l'état méditatif qui conviendrait, me butte au passage à des questions sans suite : Est-ce valable de se consacrer uniquement à améliorer sa vie intérieure quand des milliers d'êtres humains souffrent ? Occupée depuis six ans à ma relation avec Dieu, est-ce que je m'éloigne de l'amour tangible, plus incarné ?

Ayant toujours eu une certaine réticence vis-à-vis de la soumission sans questionnement à l'autorité de l'Église, cet aspect me tracasse plus que jamais. Pourquoi cette dernière aurait-elle l'exclusivité de la Vérité ? Ce genre de certitude n'a-t-elle pas conduit dans le passé à diverses formes d'intolérance et d'orgueil ? Puis, retour au point de départ : la souffrance, les enfants qui meurent de faim chaque jour, les tortures, la maladie, les catastrophes… Pourquoi ? Que de non-sens dans cet univers habité !

Le silence accueille ce déferlement de doutes et finit par l'absorber. Libérant une pensée pour Celui qui a dit, et c'est peut-être ce qu'il y a à décoder dans cette existence-piège : « Mon royaume n'est pas de ce monde. »

CHAPITRE 20

Aux réunions hebdomadaires, il y a Annette et son franc-parler et, chez Germaine et moi, la tendance très intellectuelle à « repenser » les normes, les règles, les habitudes : un parti pris pour une sorte de lucidité qui se croit investie du devoir de percer, de livrer le message.

Tandis que nous abordons les thèmes reliés à l'esprit de l'Institut, nous faisons parfois figure de trouble-fête. Non par mauvaises intentions, mais pour nous prémunir contre l'engourdissement de l'esprit. Comment se refuser le plaisir de penser et de commenter ? On a le goût de rafraîchir, de renouveler. Les autorités, elles, devaient se dire que les conseils d'administration sont faits pour ça : changer les choses...

On comprend leur nervosité. Il y a des rumeurs de départs. Les mêmes métamorphoses s'amorçaient sans doute dans les communautés traditionnelles. Comment identifier les zones d'influence ? Où le courant prenait-il sa source ? L'individualité s'exprimait davantage, se libérait, se renforçait. En soi, rien de plus positif. Mais, alors, il ne fallait laisser apparaître aucune brèche dans la forteresse intérieure ; plutôt prier, se recentrer sur l'Évangile, nous aurait-on dit. Une priorité.

Insidieusement, nous tentaient des chemins de traverse apparemment sans dangers. Légers écarts aux règlements, une manière de forcer le cadre, de respirer de son propre souffle, de prendre la mesure de sa propre expression. Au chalet d'hiver « prêté », au Lac Beauport, jours de repos et d'études. La détente prend la forme de quelques cigarettes aspirées voluptueusement, dans le goût de l'interdit. Anodin, sûrement. Mais symbolique.

Nous ne détenions pas l'exclusivité des tendances au changement. À Loretteville, la directrice, de belle classe, exprime ouvertement sa vision moderne des choses. Elle a, avec panache et un peu trop de dirigisme, semble-t-il, occupé pendant quelques années un poste influent au sein du conseil général, avant de quitter elle-même l'Institut. Joignant ainsi la vague qui devait, comme une hémorragie, amaigrir considérablement le corps institutionnel des communautés religieuses.

Le vent dans les voiles, la « Révolution tranquille » ratisse large, à tous les niveaux de la société. Dans les écoles, les préoccupations d'inspiration chrétienne cèdent le pas à l'action syndicale. Les valeurs religieuses, autrefois inhérentes à tout enseignement, sont remplacées par des objectifs sociaux. Les grands chambardements en chantier dans le système vont délibérément laisser de côté l'aspect moral. Avec le risque de perdre le bon, en voulant se débarrasser du pire, on reprend tout à zéro. Une cassure nette avec le passé.

Rue De Montigny, quelque chose ne va pas. Où était cette chimie heureuse entre les individus ? Ce détachement libre et contagieux ? Ce don de soi ? La joie rayonnante comme déjà ? On est loin des premières équipes du Cap-de-la-Madeleine, de la petite famille de Saint-Charles-Garnier ou de l'harmonie spirituelle et tout amicale de la rue Lévis.

Certaines font de leur engagement à rendre service un exercice comptable. D'autres s'installent dans leurs habitudes, avec des œillères, bien assises dans une tranquillité qu'on ne doit pas déranger, un cadre pour la vie. À l'opposé de ce qui peut inspirer.

On croira trouver une solution au malaise en déplaçant Annette — notre trio s'exprimait trop —, alors que le problème était beaucoup plus subtil. Malgré les sincères efforts de notre directrice pour motiver et associer des personnalités dissemblables, dont quelques-unes semblaient indifférentes au reste du monde, quelque chose ne tournait pas rond. L'harmonie n'en était qu'une d'efficacité.

Le problème déborde de la seule problématique d'une équipe. Quand le père Parent ou les membres du conseil central nous rendent visite, nous nous disons que les préoccupations d'ordre administratif et de gérance de nos maisons l'emportent sur ce que nous souhaiterions : une écoute sympathique et ouverte de notre évolution spirituelle, de nos interrogations et, pourquoi pas, de nos opinions.

Mais on n'en est pas aux considérations de cet ordre. Dans le contexte du bouleversement social ambiant et d'un système de valeurs en train de se disloquer, on peut imaginer ce que pouvaient représenter

les décisions d'orientation et d'organisation, l'assigna-
tion adéquate de plus d'un millier de jeunes femmes à
des dizaines de fonctions aux quatre coins du globe. Il
fallait se fier à ses intuitions, aux avis des responsables
intermédiaires, faire pour le mieux. Avec le risque,
parfois, de se tromper.

Annette recevra une obédience pour un travail qui
s'avérera en totale opposition avec ses aptitudes, dans
un milieu où elle ne se sentira pas bien. Elle rejoindra,
peu de temps après, les « oblates externes », formule
parallèle qui réussissait à certaines, mais qui signifiait,
pour d'autres — c'était son cas —, le plus court chemin
vers la sortie !

J'allais revoir Annette périodiquement au fil des
années. Chaque fois retrouvée comme si c'était hier.
Un art consommé de rester soi-même. Aujourd'hui,
elle regarde son fils avec une fierté justifiée lorsque
nous nous rencontrons tous les trois. Quand j'observe
ce dernier, je me dis qu'il y a de la relève pour la
spontanéité et le rire décapant. Le rose monte aux
joues de mon amie lorsque je lui dis qu'elle a bien
« réussi » ce grand jeune homme d'action et de pensée.

❧

Les lieux auraient-il la capacité d'épouser nos états
d'âme ? Tout ce que je vois depuis que la retraite d'été
est commencée tend à le confirmer.

Mon esprit erre sans enthousiasme dans ces intérieurs quelque peu aseptisés, encore trop neufs. Les
vieilles demeures, au moins, avaient le charme de leur
âge.

Les locaux neutres, symétriques, de ce complexe que constituent la Maison centrale de Trois-Rivières et les bâtiments adjacents, me font regretter les maisons bringuebalantes de la rue Notre-Dame et de La Madone du Cap-de-la-Madeleine, ainsi que les vibrations qui les imprégnaient, au propre et au figuré.

Des terrains vierges et des boisés les entourent au bout du boulevard qui porte le nom de notre fondateur. Silence et calme assurés. Côté environnement, on n'a pas prévu qu'un jour viendrait s'installer en face la prison régionale, tout aussi silencieuse, mais riche, à sa manière, de « vécu ».

Les paroles des conférenciers m'arrivent aujourd'hui comme autant de redites, de formules. Est-ce que je perçois tout avec un autre regard, ou les choses ont-elles vraiment changé ? Je cherche le feu sacré et ne le trouve pas. Étape nécessaire ? Épreuve bénéfique ou prise de conscience lucide ? Je cherche l'éblouissement au milieu de ce qui me semble un désert.

Pourtant, je vis. Rien n'est éteint. On dirait seulement une mélodie qui ne parvient plus à mes oreilles, qui continue son chant sous une carapace d'indifférence, telle une rivière cachée sous des talus en broussailles. Quels sont donc les mots qu'il me faudrait entendre ?

Le confesseur de la retraite est un petit prêtre à l'allure effacée. Il rentre tout juste de mission. Une vie passée avec les plus pauvres, dans l'amour et la compassion. Percevoir l'extrême humilité de l'homme. Une bonté sans prétention, qui ne s'appuie ni sur des dogmes ni sur des conventions... « Mon enfant, cessez de vous tourmenter avec toutes ces questions. Écoutez seulement Sa parole… »

Une étincelle dans le silence opaque. On me tendait la main. Une offre sans calcul. Je pourrais faire encore un bout de chemin.

Trouver le mot de vérité
Si fort qu'une fois prononcé
Nul ne doive le répéter

Voir la piété à la guerre
Compromise avec la misère
Un peu de sang dans sa prière

Voir se déchirer le rideau
De nos théâtres qui jouent faux
Avec des rôles de héros

Et voir sombrer la suffisance
Dans les yeux de la transparence
Y couler sa dernière chance
J'ai la nostalgie de l'amour sans formule
J'ai la nostalgie de l'enfance crédule

La petite flamme palpitait toujours au fond de moi. Cause de souffrance : une seule pensée pour Celui dont l'amour m'avait si souvent enveloppée, submergée de joie douce, réelle, et c'était la nostalgie. Nostalgie de la Maison, ce lieu où tout se résorbe, où tout se dilue dans une seule unité de conscience et d'harmonie. Il n'était pas seulement un concept, mais réellement Quelqu'un. J'en avais fait l'expérience tant de fois.

Chapitre 21

Je marche. J'aime marcher. Sur le trottoir, les feuilles trouées, tordues, déchirées, crissent sous mes pas. Bruit complice, ironique, qui chiffonne des demi-vérités. L'automne éparpille les certitudes, fait feu de tout bois, émiette des morceaux d'été devant nos yeux, dévoile des carrés de ciel ambre. Le soleil lui-même tourmenté. Je marche.

Il y a des choix qui se font sans se dire tout de suite. Ils se glissent du présent inconscient aux gestes futurs, non encore nés. On ne décide rien. Puis vient le moment où on les trouve devant soi, les bras croisés, pas moyen de passer outre.

En ce moment, je sens seulement un peu plus que d'habitude l'âpreté du vent sur ma peau, son obstination à bousculer les feuilles mortes et les papiers sales, qui virevoltent sur les bancs du parc des Braves avant de disparaître au-dessus de la Pente-Douce.

Je dois rentrer. Nous attendons ce conférencier français, un théologien qui a un grand charisme, ce genre de personne dont tous veulent s'approcher. Comme on recherche instinctivement le soleil.

J'ai assisté à sa présentation à l'Université Laval. Le col romain seul l'identifiant comme prêtre, ce « paradoxe » en chair et en os me trouble. Esprit brillant, dégageant une beauté d'âme jusque dans la parole et le geste. Pourquoi était-il, en plus, si séduisant ?

Après sa visite, son image me reviendra, insistante. Je suis forcée de constater ma vulnérabilité. Si les circonstances vont m'éviter d'être mise à l'épreuve — d'autant plus qu'on le sait d'une conduite irréprochable —, je n'en aurai pas moins appris que « mon système immunitaire » est affaibli. Ma vie spirituelle n'est plus irrémédiablement ancrée dans la présence de Dieu, « renouvelée à chaque heure » par la pensée et par l'intention, comme l'indiquait l'un des points du très vitaminé *5-5-5*.

Qu'avais-je besoin de ce supplément de turbulence dans les eaux où je navigue tant bien que mal ? La raison et le cœur souffrant chacun de son côté, ballottés, chacun à sa manière, par les intempéries. Comme un bâtiment menacé par l'ouragan, on ne sait qu'est-ce qui va céder en premier.

Comme un coup de vent dans la tiédeur de l'été
secoue les feuilles, étonne les fleurs
et soulève les fétus endormis,
un souffle de liberté me remue tout entière parfois,
charrie les promesses, les principes, les réalités
et m'enivre d'un rêve que je crois presque toucher.

Alors, je préfère le beau au vrai, le bon au juste,
l'amour à la sagesse, la liberté à la fidélité…
Ce vent qui m'emporte, je ne sais où il va s'arrêter.

Le poème ne donnera pas la réponse.

Son bureau a quelque chose d'apaisant. Pas d'objets inutiles. Une statuette de la Vierge, quelques souvenirs. Des livres de spiritualité ; ouvrages de références, témoignages, vies de saints. L'ordre est harmonieux, sans rigueur.

Dans un coin de son pupitre, une photo de sa mère. Le même faciès, la même finesse dans le regard qui se réserve un sourire. J'observe ses mains. Elles sont petites, propres à tracer avec minutie et précision la pensée.

Je suis toujours intimidée en face du père Parent. Peut-être à cause de la rapidité de ses reparties. On ne sait jamais si, à la faveur d'un lapsus ou d'une hésitation révélatrice, on ne va pas se retrouver en flagrant délit de contradiction. Ne pas s'en faire. D'un mot, il rétablit la confiance, rééquilibre son interlocuteur.

Quelque temps auparavant, une rencontre semblable s'était terminée sur une fin de non-recevoir. J'avais naïvement suggéré que l'on me transfère de mon statut actuel à celui d'externe. Il n'y a vu que du feu. « Ce n'est pas pour toi ! » La tentation de l'alibi était trop évidente. Une voie d'évitement. Je n'aurais eu en effet, aucune disposition pour cette existence séparée, en appartement, et vivre les trois vœux sans le support et la complicité journalière de personnes partageant le même idéal.

Aujourd'hui, la question est tout autre. Il a lui-même demandé à me voir. L'entrée en matière ne sera pas nécessaire étant donné que mon état d'esprit ne fait mystère pour personne. En outre, je ne vais tout de même pas lui confier l'ennui que j'ai ressenti tout au long de la dernière retraite où il a prêché. Comment lui dire que mes oreilles et mon cœur sont devenus incapables d'entendre, insensibles aux mots, aux exhortations que je connais déjà ? Qu'il n'y a que le moi regimbant qui soit capable de réaction ?

Il me proposera de prendre un recul, de faire une pause.

— Tu as, à ton crédit, de belles réalisations dans la musique et le chant, Jacqueline. Maintenant, pourquoi ne pas élargir ton expérience, tenter d'explorer une autre voie ?

À sa suggestion d'un séjour d'études en Europe, je n'eus pas un cillement.

— Pars pour un an ou deux. Nos oblates de Belgique seront enchantées de te recevoir. »

De l'eau sur une roche d'Abitibi. Aussi bien me demander de changer de planète. Inconcevable. J'ai des attaches : la musique, le chant, les tournées de spectacle, les projets d'enregistrement, le contact grisant avec les auditoires, le plaisir de la création, des amitiés bien nouées. Renoncer à tout cela ? Même temporairement, j'en étais incapable !

Un mur invisible nous séparait. Sa voix ne pouvait me rejoindre. Ne restait plus que le silence sur lequel je pris congé. Et les sentiments contradictoires d'un débat intérieur qui ne voulait pas finir.

∽○∽

« Ce n'est qu'un moment difficile à passer », tentait de me convaincre Ghislaine, la dévouée permanente de la

Maison centrale, quelques semaines plus tard. Nous avions toujours eu une facilité de communication. Je crois que cela était dû à sa grande franchise. Une grande honnêteté qui lui causait quelquefois des problèmes. La plupart des gens préfèrent les opinions moins tranchées, un ton plus accommodant ; ils se sentent mieux, et on les comprend, quand on ne leur dit pas trop souvent leurs quatre vérités. C'est pourtant ce qui la rendait unique.

Attristée par ma décision, elle se refuse à la croire irrévocable.

— Pourquoi ne pas t'installer dans une de nos villas (dans ma perception, je voyais des unités de motel), prendre le temps de faire de la place en toi-même, écrire, composer et, si tu le veux, prier. Au bout d'un certain temps, tu y verras plus clair.

La dernière chose dont j'avais envie était bien de me « retirer ». J'étais appelée vers le dehors. Accrochée à suivre la pente de ce qui va de soi. J'étais devenue dépendante de ce qui va de soi.

Je pourrais lui répondre avec les mots de mon âme : « Je sais, je l'entends, la petite voix qui insiste : Ressaisis-toi, retrouve ton chemin vers la plénitude, vers Celui à qui tu as dit oui, et qui t'a comblée. Tu es faite pour l'essentiel. Tu sais d'expérience qu'il n'y a que cela pour te satisfaire. Réagis, renonce et rentre à la maison ! »

Je n'en ai pas la force et je ne veux plus l'entendre, cette voix. Je crois ce que je vois : la vie si agréable dans la mobilité de ses couleurs, de ses sensations, de ses épanchements, la poésie des choses, des visages et de la musique, la liberté d'aller où bon me semble. Laisser s'épanouir en moi la fleur de cette liberté, peu importe les herbes folles qui l'entourent, peu importe l'imprévu des saisons, peu importe les froidures des hivers succédant aux chauds étés... Peu importe, peu importe...

❧

Un dimanche de janvier. Le firmament net, imperturbable au-dessus du pays étale. Agréable contraste entre la chaleur de la voiture et l'hiver qui craque de toutes parts. Les chemins blancs. Les champs blancs. Le ciel lui-même bleu blanc. Pas envie d'ouvrir la radio. Je roule à vitesse réduite. Prendre conscience de cette route qui se déroule comme un tapis vers la sortie. Je rentre à Québec pour dire à Lucette que je ne renouvelle pas mes vœux.

Elle ne sera pas étonnée, peut-être même sera-t-elle soulagée. Être directrice, c'est assumer le poids de la responsabilité de tout ce qui arrive dans le groupe. Elle n'aura plus à se demander si elle a tout fait pour que je ne perde pas ma « vocation ». Elle se dira que si la Maison centrale où j'ai passé les derniers jours n'a pas réussi à me récupérer, c'est qu'il n'y a rien à faire.

Comme une feuille tombe de l'arbre. Et elle ne fait pas de bruit en tombant. Aucune discussion, pas d'aigreur, encore moins les reproches des autorités que je viens de laisser. Ce n'est plus le temps des mises au point.

J'aurais préféré que le père Parent soit le premier à l'apprendre. Il était en Europe. Je ne crois pas qu'il aurait essayé de me faire changer d'avis.

Les formalités complétées, on me dit que j'allais recevoir un chèque de 400 $, pour « repartir dans la vie », et que je pouvais garder la voiture, en assurant les mensualités de remboursement. Dans cette atmosphère prosaïque, personne ne s'est attardé aux sentiments. Il n'y eut aucun apitoiement, ni d'un côté ni de l'autre.

Je terminais une étape au soleil. L'avenir serait désormais moins prévisible, plus contrasté. Mais j'étais riche d'un acquis spirituel non périssable, repère de force et de sérénité dans le monde où j'allais.

ÉPILOGUE

À la fin des années 1980, j'ai revu pour la première fois les oblates à l'occasion de la sortie d'un album de mes premières chansons que je leur apportais en primeur. De nombreux souvenirs ont été remués et le plaisir de la rencontre passa allègrement au-dessus des années d'oubli, de distance.

Le père Louis-Marie Parent n'avait pas beaucoup changé. Seuls une barbe et des cheveux blancs, un regard plus myope — encore plus perçant — accusaient le passage des ans chez cet être hors du commun : fondateur de trois communautés, *leader* spirituel écouté et aimé par des milliers de gens de tous milieux et de tous âges.

J'en profitai pour lui dire que ce que j'avais vécu dans ma jeune vingtaine avait marqué positivement ma vie. Je l'en remerciai.

∞∞

Si j'ai toujours continué à chanter et exploré divers domaines de communication, je n'ai pas davantage fermé la porte à la spiritualité. Au contraire, je l'ai laissée grande ouverte. Prête à apprendre, chercher encore, trouver, perdre, recommencer, cheminer vers la grande éclaircie intérieure où s'harmonisent les apparentes contradictions.

Certes, j'ai fait bien d'autres expériences et connu différents visages de la vie. Mais le fil de lumière, même ténu, ne s'est jamais rompu.

Je le retrouve au besoin dans mon quotidien qui est fait de musique, d'écriture et de tous ces liens mystérieux que je tisse avec les autres. Avec les gens qui me sont proches et avec ceux pour qui je chante, les adultes, les enfants.

Quand l'angoisse se pointe, je prends un temps de respiration et monte un peu en altitude. Alors, de ma galaxie imaginaire, je jette un coup d'œil au petit globe terrestre sur le coin de mon bureau. Aussitôt, les choses reprennent leurs justes proportions.

Et puis, il y a cette fleur minuscule, responsable de la bonne santé du jardin tout entier : l'humour. Je la cultive avec soin, car elle est précieuse. Ce n'est pas un hasard si elle échange autant de lettres avec amour.

Parfois, je me prends à rêver. Songeant à la souffrance de notre planète empêtrée dans le matérialisme effréné, la sexualité névrotique et la folle violence, je me dis : et si un jour nous avions tous la même FOI ? Si nous arrivions à cette vision large, libératrice, sans compartiments, qui apaiseraient tous nos maux ?

Il me semble que c'est là notre destinée. Impossible que nous soyions habités par un tel désir de bonheur sans qu'il ne soit là, à nous attendre. Le voyage, cependant, est long, il faut en convenir, et le décor sous nos yeux, peu encourageant.

Sur ma table de chevet, aux côtés de Marguerite Yourcenar et de Carl Jung, un livre de Laurence Freeman, moine bénédictin, me rappelle que la simplicité est LE chemin. Mais y parvenir n'est pas si facile. En attendant, je me fie à cette lumière qui vient du cœur et qui sait que l'objet de Son désir existe...

Je suis le fil de la rivière
Où glissent encore les paysages
Et je m'en vais jusqu'à la mer
Légère, et c'est un beau voyage

De m'arrêter, je n'ai plus guère
Le goût, ni le temps, sans bagage
Moi, je m'en vais jusqu'à la mer
Légère, et c'est un beau voyage

Le fil de la rivière
(Album *Présences*)

Quelques notes de parcours

Établie à Montréal depuis 1967, Jacqueline Lemay y poursuit sa carrière d'auteure-compositeure-interprète et dirige depuis quelques années sa propre maison d'édition musicale.

Auteure de plus de 150 chansons, elle a aussi fait du journalisme, animé des émissions de radio, écrit pour les enfants, participé à plusieurs émissions de télévision, présenté de nombreux spectacles au Québec et en France, publié un livre de poésie, et écrit pour d'autres interprètes.

En 1975, elle composait et enregistrait la chanson-thème de l'Année internationale de la Femme, « La moitié du monde est une femme », ainsi que « Le Québécois », qui reçut une vibrante ovation lors de « La mémoire des boîtes à chansons », en 1997. Ces œuvres et plusieurs autres s'inscrivent avec bonheur dans le catalogue du riche répertoire de la chanson québécoise.

Jacqueline Lemay s'est engagée, au cabinet du vice-premier ministre du Québec, Jacques-Yvan Morin, dans la protection des droits des créateurs avant d'occuper, de 1983 à 1990, le poste de directrice générale de la Société Professionnelle des Auteurs et des Compositeurs du Québec (SPACQ), présidée par Luc Plamondon.

Poète, écrivaine, interprète et musicienne, Jacqueline Lemay chante pour les adultes et les enfants, réalise des albums de musique instrumentale et travaille à plusieurs projets d'enregistrement et d'écriture.

Achevé d'imprimer
en octobre 1997
sur les presses de
Imprimerie H.L.N.

Imprimé au Canada – Printed in Canada